WAC BUNKO

藤井厳喜

フォーキャスト2024

藤井厳喜

WAC

はじめに――「平和を欲するなら戦争の準備をせよ」

この本は、世界経済や国際政治の近未来へのガイドブックである。今後、10年、20年の間にどのようなことが起きるのか、それを予測するための本である。言い方を変えれば、世界経済や国際政治に起きるであろうさまざまな現象をどのように分析するのかという、その分析枠組みを読者に提示しようとする本である。

本書は、現在、そして近未来の国際政治経済は、次の三つの勢力の相克によって形づくられることを教えている。それは、

・「民主的ナショナリズム」
・「独裁的ナショナリズム」
・「無国籍企業的グローバリズム」

以上、三つの勢力である。その具体的な内容については、1章で詳述している。

グローバリズムとナショナリズム

現在は、グローバリズムが非常にポジティブな価値観として広く受け入れられている。日本人の多くは、グローバリズムを「世界は1つ、人類は皆兄弟」という一種の理想主義としてナイーブに受け入れている。一方、ナショナリズムという言葉には、ネガティブな陰影が伴う。ナショナリズムは「偏狭で排他的なもの」として否定的にとらえる日本人が多い。まず、この点についての誤解を正しておきたい。

筆者がアメリカに留学していた1970年代後半から80年代前半でも、グローバリズムはポジティブな言葉であり、ナショナリズムはネガティブな言葉であった。特に英語の世界では、ナショナリズムは日本語にはないネガティブなニュアンスが濃厚であった。それはナショナリズムという英語の言葉に、ナチスドイツの国家社会主義（ナショナル・ソーシャリズム）のイメージが常に伴っていたからである。ナショナリズムは単に国家主義や民族主義を意味するものでなく、ナチズムの否定的なイメージを伴った言葉であった。

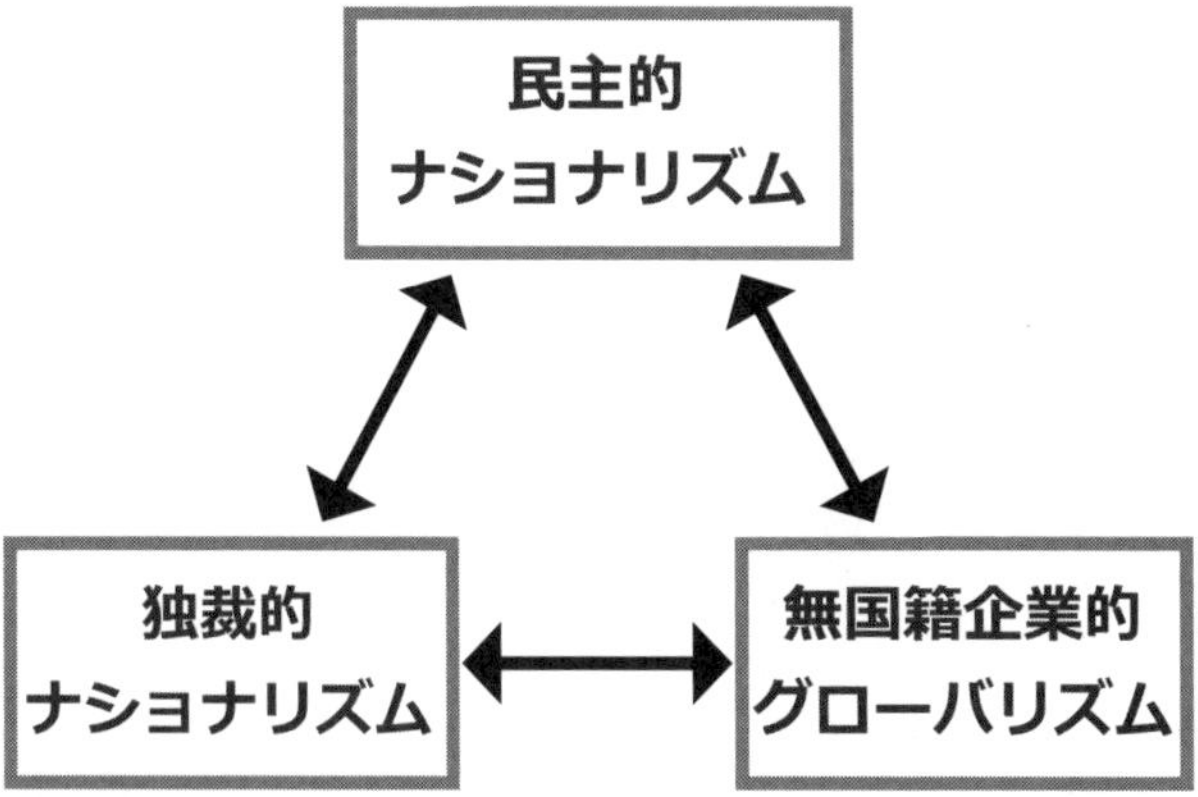

近未来の国際政治経済は、この三つの勢力の相克で形づくられる

そこでナショナリズムという言葉の代わりに、ペイトリオティズムという言葉が使われるのが常であった。ペイトリオティズムは日本語に訳せば「愛国主義」である。日本で愛国主義というと、これも一般的には軍国主義と同一視されがちで、現在の日本では避けて通ることの多い言葉である。誤解を生みやすいからだ。

ところが、これに対して、日本ではナショナリズムは比較的中立的な言葉として受け入れられている。それは国家主義や民族主義、国益第一の考え方を意味するからだ。それでも冒頭で述べたように、一般的にはナショナリズムという言葉ですら偏狭で排他的なものとして受け入れられない傾向がある。アメリカでは、そして恐らく英語のネイティブ・スピーカーの世界では全く逆であった。ペイトリオティズム（愛国主義）は思想の右左にかかわらず、ポジティブな言葉であるが、ナショナリズムという言葉は危険な言葉として受け止められていたのである。

それに対してグローバリズムという言葉は、ある意味、非常に美しいポジティブな、そして理想主義的なニュアンスをもった言葉として、日本語でも英語でも受け入れられている。定義の仕方によっては、確かにグローバリズムは人類を一体のものとしてとらえる、そのような言葉として定義することもできるだろう。しかし本書では、グローバリズムという言葉はそのような意味では用いられていない。

本書でいう「無国籍企業的グローバリズム」とは、どういう意味だろうか。それは多国籍から、さらに無国籍となった超国家的巨大企業が、世界を一つの巨大なマーケットととらえ、国境を無視して行動する、その行動原理のことである。いわゆるGAFAM（グーグル、アマゾン、フェイスブック、アップル、マイクロソフト）のような無国籍の超巨大企業にとって、個々の国家はビジネスのために邪魔な存在でしかない。国境などない方が、彼らのビジネスには都合がいい。

こういった無国籍な打算的な考え方を「無国籍企業的グローバリズム」と筆者は呼んでいる。無国籍の超巨大企業にとっては、国家は彼らのビジネスを規制し、税金を取り立てる阻害要因に過ぎないのだ。

彼らにとって必要なのはグローバルマーケットであり、国家は彼らの自由な活動を束縛する存在でしかない。彼らはチャイナやロシアのような独裁的ナショナリズム国家を嫌うことはもちろんだが、先進経済国の民主的ナショナリズムをも嫌悪するのである。なぜならば、民主的ナショナリズムの国家においては、国民の大多数の利益を最優先して政策が決定される。社会的弱者をも含む国民全体の利益、つまり、国益が重視されるのだ。

そうであれば、当然、国民的利益の観点から、政府は超巨大企業の活動を規制しようとする。適度に税金も徴収する。そして民主的な政府であればあるほど、一般国民の同意に基づいてこういった規制を行なうので、超巨大企業にとっては、より厳格な規制に直面しなければならない。

独裁的ナショナリズム国家の場合、超巨大企業を規制しようとする場合もあるが、そうでない場合もあり得る。新興国などでよくみられるパターンだが、超巨大企業が国家の独裁者を買収してしまえば、極めて有利な条件でその国においてはビジネスを行なうことができるからだ。

現在の国際政治経済を特徴づけている非常に大きな力は、この無国籍企業的グローバリズムである。かつての国際関係論という学問においては、独立した国家間の利益の相克の分析が全てであった。各国家は独自の存在として、国益を追求する。その国家間の合従連衡《がっしょうれんこう》、同盟関係や闘争など、それらを分析すれば、国際関係の実態は理解できたのである。

しかし現在においては、そうではない。民主的国家と独裁的国家の戦いは確かに存在するが、それだけではない。そこに無国籍企業的グローバリズムというものが加わり、三つ巴の戦いとなっているのだ。このような分析枠組みを導入することによって、現在の国際関係を初めて正しく理解することができる。

タックスヘイブンと英国守旧派

本文内でも詳しく説明してあるが、本書では「タックスヘイブン」や「英国守旧派」

という言葉が重要な地位を占めている。普通の国際関係の本では出合うことがない言葉であると思うので、ここで簡単に説明しておきたい。

無国籍企業的グローバリズムとは、どのようなものだろうか。その頭脳中枢は先進国にあり、そこで技術開発を行なうが、モノを製造する場合、その中心は低賃金の新興国である。そして、その製品を売る市場としては、リッチな先進国の市場が中心になる。しかし彼らはそれによって得た利益を海外のタックスヘイブン（税金避難地）に蓄積し、温存しようとする。先進国に利益を持って帰れば、高率の法人税を課される。製造の拠点である新興国でも高額の税金をとられる危険性がある。独裁的国家であれば、突然、利益が没収されてしまうことすらあるのだ。そこで彼らはタックスヘイブンなる存在をフル活用し、そこに利益を蓄積するのである。

そこでこのタックスヘイブンというものに注目すると、そのネットワークの中心は、ロンドンのシティである。かつて英国は世界中に植民地帝国を築き上げた。第二次世界大戦後、英国のほとんどの植民地は独立してしまった。しかし英国には、かつての巨大な植民地帝国の遺産ともいうべきものが継承されている。現在も生き延びているその最大の植民地帝国の遺産が、タックスヘイブン・ネットワークである。無国籍的な大企業は、アメリカの企業であっても、欧州の大企業などであっても、このタックスヘイブン・ネットワークをフル活用する。このタックヘイブン・ネットワークを牛耳っているのが、英国の旧エスタブリッシュメントであり、これを筆者は「英国守旧派」と呼んでいる。

彼らは世界中の超巨大企業や超富裕層のタックスヘイブンを通じたお金の流れを把握している。それゆえに、そのお金の流れに伴う様々な活動も把握している。その活動の中には、表沙汰にしてよいものもあれば、秘密のものも当然ある。その表沙汰にできない裏の情報も英守旧派は把握することができるのだ。だから英守旧派は、アメとムチの2つで世界の巨大企業や超富裕層に影響を与えることができる。

第一のアメの方はもちろん、税金を納めないで済むという特権の付与である。ムチの方は、タックスヘイブンを通じて超巨大企業や超富裕層が行なっている裏の活動を把握し、その情報で彼らを脅迫することである。このようにアメとムチを使い、英守旧派は世界の政治経済に大きな影響を与えることができる。

国際的にタックスヘイブンへの規制は徐々に強化され、拡大しているので、英守旧派の力は徐々にではあるが衰退している。しかし今日でも彼らが国際政治経済の裏側で最も力のある存在であることに変わりはない。

タックスヘイブンとは、単に税金が安い場所という意味ではない。より本質的には、タックスヘイブンとは、そこに設立された法人の真の所有者が分からないような地域なのである。真の所有者や真の受益者が分からない「幽霊のような法人」を設立することができるのが、タックスヘイブンのより本質的な特徴である。このようにすれば、いかなる脱税行為や違法行為も行なうことが容易である。犯罪行為、例えばテロの資金源である法人が特定されたとしても、その法人の真の所有者が分からなければ、そこで捜査は行き詰まってしまう。

こういったタックスヘイブンの秘密保持のことを専門用語では「プライバシー・ジュアリスディクション」と呼んでいる。日本語では「守秘法域」と訳されている。守秘法域こそ、タックスヘイブンの本質なのである。

実際、アメリカでこの守秘法域、言い換えればタックスヘイブンへの追及が始まったキッカケは、2001年の9・11同時多発テロであった。この大規模なテロ行為を支えた資金の多くは、タックスヘイブンからアメリカに流入していたのである。国際テロを根絶しようと思えば、タックスヘイブンを規制しなければならないということが分かってきた。これが、アメリカがタックスヘイブン規制に動く大きなキッカケとなったのだ。

英守旧派とは、具体的にはどのような存在だろうか。それは英国の世襲貴族的な超富裕層とその取り巻きと考えることができる。またここで具体的な企業名にも言及したいところだが、最近はスラップ訴訟を含む法的な妨害行為も考えられるため、ここでは企業名については、あえて言及を避けさせていただく。具体的には筆者が発行する会員制情報誌「ケンブリッジ・フォーキャスト・レポート」や、有料のオンライン会員制情報サービス「ワールド・フォーキャスト」をご覧いただきたいと思う。

平和を保つために抑止力の強化を

以上のような三つの勢力が、三つ巴の相克を繰り返しているのが、現在の国際関係の本質である。この中で、筆者はもちろん、民主的なナショナリズムの立場に立つものである。我々の立場からすれば、当然、世界は平和であった方がいいし、その平和の基礎の上に、諸国民が繁栄を享受するような国際経済が望ましい。

しかし、独裁的ナショナリズム国家の指導者からすれば、必ずしもそうではない。ロシアのウクライナ侵攻にみられるように、戦争を行なってでも自分たちの領土や権力を拡大しようというのが、独裁的ナショナリズムである。また、英守旧派を中心とする無国籍的グローバリストも、時にはあえて、地域紛争を仕掛けて自らの利益を増大させようとすることもある。無国籍の世界というのは、冷徹で打算的な世界である。

現在の世界では、第三次世界大戦に発展する危険性のある地域紛争が各地で勃発《ぼっぱつ》している。ウクライナ戦争は元より、イスラエルとハマスの戦争もそうである。また、中国共産党が台湾を武力をもって併合すると宣言しているのも、その火種の一つである。チャイナが台湾を攻撃すれば、必然的に日本の南西諸島は戦場とならざるを得ない。習近平は台湾を併合する意志を宣言しているが、彼は同時に必ずしも軍事的手段を排除しないと言い切っている。

こういった危険な火種があちこちに存在する世界において、「平和を守る」とはどういう意味だろうか。平和とは、すなわち、バランス・オブ・パワーである。つまり、勢力を均衡させ、戦争を起こさせないようにすることだ。

古代ローマに「平和を欲するなら戦争の準備をせよ」という諺《ことわざ》がある。今日にまで通用する名言である。自国が侵略される危険性を熟知し、常に防衛戦争の準備をしておけば、悪意ある国家が自分の国を侵略するのを防ぐことができる。この自衛戦争の準備を怠《おこた》り、現在の平和を享受しているだけだと、その隙を突かれ、悪意ある国家による侵略を誘発してしまう。

平和を保つためには、今日の言葉でいえば、常に「抑止力を強化する」ことである。抑止力とは、敵が攻撃してきた場合に反撃する軍事的能力のことだ。抑止力さえ十分に強化してゆけば、悪意ある国家の侵略は防ぐことができるのだ。「平和を欲するなら戦争の準備をせよ」とは、そのような意味である。逆に自衛戦争の準備をせずに、平和だけを楽しんでいれば、いつ戦争が起きてもおかしくはないのだ。

極端な左派勢力もグローバリズムの一角

自主防衛の充実を訴えると、日本の大手マスコミは判で押したように「軍靴の足音が聞こえる」などという使い古しの常套句を乱発して反対する。現在の日本が、他国に向けて戦争を起こすことなど考えられない。これは台湾がチャイナを攻めることがあり得ないのと同様のことだ。日本は米台両国と協力し、十分な軍事的抑止力を整備しなければならない。平和とは勢力均衡のことであり、平和を保つには、常に十分な軍事的抑止力を持つことが必要である。中台戦争を決してアジアで起こさせてはならない。

本書では、この戦争と平和の問題だけではなく、ＬＧＢＴＱ問題にも言及している。なぜなら、こういった政策はグローバリズム勢力が伝統的な国家の文化や価値観を破壊しようとする手段だからだ。

なお、グローバリズムには、極端な左派勢力もその一角を占めている。しかし本書では、彼らを独立した行動主体とはみなしてはいない。なぜなら、これらの極左勢力（共産主義革命を信奉する）は、常に無国籍企業グローバリズムの支援を受けて活動しているからだ。彼らは無国籍企業グローバリストの資金を受け、活動している分遣隊のような存在である。英守旧派を中核とする無国籍派によって使われている手先といってもよい。

また、序章と４章では、通貨の群雄割拠時代について言及している。これは今後の投資や経営には非常に重要な部分である。誤解が生じないように初めに言っておくと、通貨の群雄割拠時代は確かにやってくるが、引き続き今後30年、最も重要な世界通貨は米ドルである。特に日本経済にとっては、米ドルの重要性は今後とも低下することはない。

２０２３年11月25日・憂国忌に

藤井厳喜

藤井厳喜
フォーキャスト2024

◉目次

1章 世界は「三つの勢力」で動いている……57

装幀／須川貴弘（ＷＡＣ装幀室）

序章

国家の限界を超えた資本主義

貨幣経済の発展が明治維新を実現させた

日ごろ我々はめったに意識することはないが、経済とは非常に構造的なもので、経済活動は政治・社会はもちろん、思考にまで大きな影響を与える。逆に政治や思想が経済のありようを規定する場合もあり、両者は双方向に影響力を行使する関係にある。

経済が歴史を変えたいい例が、日本の明治維新である。それは突然に起きたものではない。260年余り続いた徳川幕府の封建時代に着々と準備されてきたものだ。

実は、封建社会は世界史上、日本と西ヨーロッパにしか存在しなかった特殊な経済制度だった。世界のどこにも見られた奴隷制や農奴制と違い、封建制度は分権と自治を基盤にした社会制度である。

江戸時代の日本は300諸侯と呼ばれる大名の領地（所領）に、それぞれの政府（藩）が存在した。藩主（大名）の下に藩士と領民がいて、それぞれの法律があり、自治が行なわれていた。徳川幕府の支配下に統一されてはいたが、幕府が中央集権的に直接コントロールしていたわけではない。300近い「国」を封建領主がそれぞれに治め、その頂点に徳川家が君臨していたのである。だから、幕藩体制を維持するため、幕府は常に各藩の動向を把握しておく必要があった。かつて関ヶ原の戦いで敵に回った長州藩や薩摩藩などにはスパイを送り込み、監視を怠らなかったと言われている。

封建領主の中で最大のものはもちろん徳川家であって、幕府の直轄地だけで400万石あった。一方、地方分権によって各藩に個性的な文化が育ち、それぞれ独自に経済を発展させた。それぞれの創意にあふれた藩の運営によって生産性が上がり、人口も増え、さまざまな消費物資が生まれた。必然的に貨幣経済が盛んになり、消費活動の中心地であった江戸は世界最大級の100万人都市に発展した。

人の行き来が頻繁だった戦国時代が終わり、封建制度による地方行政が確立した当初は、経済は領国の中で完結するはずだった。藩と藩の間に流通がないことを前提に日本全国に300諸侯が割拠し、商業活動はそれぞれの城下町単位で行なわれていた。現代でいう「地産地消」で、藩内で生産されたものを地元で消費し、生活していたわけである。

ところが、各藩が独自に開発した新技術によって米の収穫量が増大し、やがて全国から大量の米を1カ所に集めて取引する大阪・堂島の米市場が栄えるようになった。

世界で初めて先物取引が行なわれたのも、この堂島の米相場だった。全国各地から米が運ばれてくる大阪は「天下の台所」と呼ばれ、日本経済の中心地となった。

生産性の向上によって生じた余剰物資や、各地の特産品、贅沢品などを需要のある地域に運ぶため、海上輸送だけではなく、東海道をはじめ街道が整備されることで、陸上輸送も盛んになり、物流はいよいよ拡大する。流通経済の始まりである。藩と藩の間を自由に人とモノが行き来するようになると、当然のことながら金銭による売買、すなわち貨幣経済の発達が促される。

これは今日ではごく当たり前のように思われるかもしれないが、非常に原始的な経済を考えてみよう。たとえばニューギニアの奥地にある村は、経済的に完結している、あるいは完結できるから村という単位で存在している。そこで獲れたもの、生産されたものだけで衣食住がすべてまかなえるということだ。江戸時代の大名の諸藩も、そもそもはそういう経済単位のはずだった。

それが、上方で価格が暴落し、江戸で高騰していた紀州ミカンを、嵐の大波を越えて江戸に届けて人気と名声を得、また大火の多い江戸の復旧工事に必要不可欠な材木を売って財を成したという元禄期の豪商、紀伊國屋《きのくにや》文左衛門《ぶんざえもん》の伝説が示すのは、流通システムに支えられた貨幣経済の成長である。

ところが、**この貨幣経済の成長が、徳川家康のつくった幕藩体制を崩壊させることになった**のだ。

貨幣経済の社会では、「士農工商」の身分最下位の商人に富が集中し、近代資本主義が芽生える。武士の給料は米で支払われるが、貨幣経済社会ではそれを現金に換えなければ、生活必需品を買うこともできない。支配階級である武士と、最も身分の低い商人との立場は１８０度逆転することになった。

実はこれが、明治維新というものが非常にスムーズに行なわれた隠れた理由である。歴史上、明治維新の特異な点は、支配階級であった武士がその特権を放棄し、自らの立場を否定して四民平等を実現したことだ。幕府が政権を朝廷に返上した大政奉還とは、具体的には武士が自分たちの収入源である所有地、年貢米や俸禄《ほうろく》米を生む領地をすべて朝廷にお返し申し上げた（奉還した）ということである。

そのかわりとして、武士たちは公債、今で言えば国債を支給されたが、その利息だけではとても生活を維持することはできない。にもかかわらず、武士階級がそれまでの身分も特権もすべて放棄するようなことがなぜ起こったのか。

それは、幕末の大名、小名、それに徳川幕府の直参《じきさん》の旗本から御家人《ごけにん》に至るまで、武士たちが莫大な借金を抱えていたからだ。自分たちの財産と特権を放棄する代償として、借金をすべて明治政府が肩代わりした。一種の徳政令による債務免除である。たとえば10億円の土地を所有しているが、借金が30億円ある場合、土地の所有権を放棄するかわりに借金を免除してもらうということだ。薩摩藩や長州藩などは外国から武器を大量に買っていたから相当借金があったが、外債も含めてそれがすべて帳消しになったのである。

豊かな国、日本を標的とした西洋列強

日本は「徳川300年」の間に、国全体を一つのナショナルマーケットとする近代資本主義経済へと歩みを進めていたのである。幕藩体制下、開明派の行政官（武士）の奨励のもと、農民や職人、商人の創意工夫による生産性の向上から生まれた流通経済、商業経済、貨幣経済の発展が封建支配体制を突き崩し、日本全体を一大ナショナルマーケットに育成した。その過程で、日本人の心の中に、長州・薩摩だけではない、

徳川幕府だけでもない、さらにその上位に日本という国があるという意識が生まれ、ナショナリズムが芽を吹いていったのだ。

幕末の19世紀中頃、西洋列強の帝国主義の魔手は東アジアにも及び、まずロシアが、次いで英国とフランスが日本に干渉するようになった。長崎の出島《でじま》を通じて唯一交流のあったオランダの国王からは、幕府に対して開国を勧める親書も届いた。

当時の日本は閉鎖的ではあるものの、経済大国であった。金銀の貯蓄量も相当なものだったし、幕末における江戸の人口はおよそ100万人、全国では3000万から3300万人の人口を抱えていた。これはヨーロッパの大国に匹敵する。

この閉鎖的かつ豊かな大国を標的とし、ユーラシア大陸の西から英国、フランス、北からはロシア、太平洋の向こうからはアメリカが押し寄せてくる。それに対して、「外敵から日本国を守らなければならない」というナショナリズムの意識が生まれてくるのは自然の成り行きと言える。

元来、日本国は天皇のもとに統一された国家だったのだから、幕藩体制のような300諸侯の自治国家の集合体ではなく、古代からの国の形を取り戻し、欧米のような近代的統一国家にしよう、天皇治下の中央集権国家に戻そう——そういう思想が武士や上流の農商階級の人たちの間に勢いよく広がっていった。

そうしたイデオロギーの根本には、生産性の向上と物流・人流、情報の拡大によって封建制度を突き崩し、ナショナルマーケットを生み出した資本主義経済の成熟がすでにあったことを銘記すべきだ。

それが「日本は他の国とは違う、独自の文明を持った国だ」という自覚とナショナリズムに結び付き、政治、外交面でも大きな力として作用した。幕末の討幕運動の根底に、260余年の間に蓄積された経済の成長と構造変化というものがあったのだ。封建主義経済と近代的な市場経済との矛盾を解決するものとして、明治維新という革命が起こった。経済が変化すれば思想も変化する。そうして、日本民族は外国からの脅威に立ち向かったのだ。

幕末の日本は西洋の帝国主義国家と比べても遜色《そんしょく》のない経済力を持った文明国であった。西洋列強からすれば何としても開国させ、分割して植民地化したい魅力を持った国だった。その外圧に当時の日本人が屈しなかったおかげで、他のアジアの国々のようには植民地にならず、我々は今日も独立を維持し、日本語を話していられる。日本語で学問ができ、日本の歴史と日本文学の伝統を現代の我々が受け継いでいられるのだ。これに関しては、我々は先人に感謝しなければならない。

「成長の限界」を迎えた戦後経済

日本は明治維新後、富国強兵を標榜し、近代化に成功、日清・日露戦争に勝利するなど、世界の先進国に躍り出た。しかし、その後、第二次世界大戦の敗戦という悲劇を迎える。

第二次世界大戦が終わった時、経済的に打撃を受けず、唯一無傷で生き残った先進国はアメリカ合衆国だけだった。ヨーロッパも日本も焼け野原となり、工業的にもゼロから再出発せざるを得なかった一方、本土が空襲されることもなく、軍需産業で大いに潤《うるお》ったアメリカが、当時、世界の経済総生産の67％、なんと3分の2を占めたのである。いわゆる第三世界の経済規模はまだ極めて小さく、ほとんどカウントされていない時代だった。

戦前まで先進国だった日本とヨーロッパには、国家再建のための資金も物資もない。世界で唯一最大の富める国となったアメリカは、敗戦国・日本への食料援助だけではなく、ヨーロッパ各国にも大いに財政援助を行ない（マーシャル・プラン）、それが戦後の世界経済を牽引するエンジンとなり、日本と欧州各国はみるみる経済復興を遂げていった。

1945年の終戦から25年を経た1970年前後にヨーロッパは経済成長のピークを迎え、やがて日本もアメリカに次ぐ世界第2位の経済大国となるほどの奇跡の復活を遂げた。当時、経済先進国と言えば日米欧だけだった。

そこで1973年、ロックフェラー財閥のデイビッド・ロックフェラーが中心となって日米欧委員会（現・三極委員会）という政策協議組織が設立された。欧米と日本が協力して国際経済をコーディネートし、世界の資本主義をマネジメントしていこうという試みである。

ところが、1970年代に向かうあたりから、ヨーロッパでは経済が伸び悩み、頭打ちの状態になった。石油化学工業に代表される戦後の新しいテクノロジーが一応の完成を見て、戦後の再工業化がほぼ終了し、人口増加が一段落するとともに、マーケットが飽和状態になってしまったのである。

これまでは世の中に不足しているものの、消費者が必要とする製品をつくればよかった。自動車を10万台、20万台と増産すれば、誰もが欲しがってどんどん売れた。経済全体の生産と消費、需要と供給のバランスがとれていたため、拡大再生産が行なわれ、「今日は昨日より、明日は今日より豊かになる」という言葉が空手形ではなく、現実のものとして目の前で実現した。労働人口も増え、マーケットも広がり、経済はますます成長する。その好循環がヨーロッパで徐々に減速し始めたのが、1970年代のことだった。

実は1972年、すでに、タイプライターで有名なオリベッティの副会長、アウレリオ・ペッチェイ氏らを中心に設立されたばかりの「ローマクラブ」というシンクタンクが、『成長の限界』という第1回報告書を発表して話題になっていた。「世界経済は飽和状態にあり、すでに成長の限界を迎え、これからはゼロ成長、現状維持の経済になる。したがって経済のあり方を根本的に変える必要がある」というのが、その主旨だった。

翌1973年、第四次中東戦争を機にオイルショックが起こり、世界経済を震撼《しんかん》させた。OPEC（石油輸出国機構）が原油価格を一挙に4倍に引き上げたのである。

オイルショックは、戦後、エネルギーを中東の石油に依存してきた先進国の経済成長の息の根を止めることになった。ただし、節約《コンサベーション》の得意な日本経済はいち早くその危機を脱し、燃費のいい日本車が世界を席巻するきっかけとなった。

なぜアラブ諸国はそれほど急激な価格引き上げに踏み切ったのか。実は1950年代に比べると、原油価格は相対的に下がり続けていた。インフレを計算に入れれば、1973年には原油価格は50年代の実質4分の1になっていた。アラブ諸国に言わせれば「正当な価格に是正したのだ」ということになる。

しかし、アラブ諸国が原油を先進国に売って得た巨額のペトロダラー（オイルマネー）は、先進国に投資して還元しないと世界経済は回らない。先進国の経済が脅《おびや》かされれば世界同時不況にもなりかねないから、OPECもそんな無謀な値上げは二度とできないはずだ。ともかく、これに懲《こ》りた先進国は原油の輸入先を分散し、OPEC以外の国からも買うことになる。

では、OPECはなぜ1973年にはそんなことができたかといえば、要するに先進国の経済が飽和状態になり、原油の需要が頭打ちになってきていたからである。今後の石油の需要がまだ伸び続ける見込みがあれば、「セブンシスターズ」と呼ばれた当時の石油メジャー7社（石油の開発・採掘・精製・販売権を一手に握る欧米先進国の国際的大資本）は、ＯＰＥＣ諸国以外で石油開発を進めていたはずだ。そうすれば、ＯＰＥＣのカルテルを打破できていただろう。

しかし、石油の需要が鈍《にぶ》り、先進国の経済成長が鈍化してきた時だったからこそ、ＯＰＥＣというカルテルによる原油価格の４倍もの引き上げなどという無謀な通告がまかり通ったのである。それは、先進国中心の世界経済に〝翳《かげ》り〟が生じたことを示す出来事だった。

人類の常識を覆した資本主義

資本主義の歴史はたかだか２００年ほどしかない。英国の産業革命から数えても２５０年余りだ。だが、経済活動によって生まれた利益をもう一度投資し、生産を拡大し、高度な経済成長を可能にする資本主義経済は、封建経済後の人類の生活を一変させた。

封建時代は、儲けた金は浪費するか、貯蓄するかしかなかった。貯蓄といっても、米、あるいは金の延べ棒の形にして保管しておくだけで、再投資ということは考えもしなかった。

投資による利益拡大は封建経済の崩壊につながるからである。そういう意味でも、封建制度は資本主義に向かう準備はしたが、近代的な資本主義に発展するのを許さなかった。だからこそ社会も安定していたのである。

8代将軍吉宗の享保《きょうほう》の改革、老中松平定信の寛政《かんせい》の改革、水野忠邦の天保《てんぽう》の改革——いわゆる江戸時代の3大改革はすべて、市場経済・貨幣経済の進展を阻止し、神君・家康が築いた農業主体の封建制の世に戻そうという後ろ向きの改革であった。貨幣経済・商業経済を推進して新しい政治を行なおうとした田沼意次《おきつぐ》は拝金主義、腐敗政治の汚名を着せられて失脚した。

余剰な富が生じた場合、日本の封建時代の大富豪は財産を湯水のように浪費したが、金は使ってしまえばそれまでだ。しかし、生産的な事業に投資すれば、その金が生きる。新しい灌漑《かんがい》施設をつくれば、米や麦、穀物の生産高が10%、20%と増えていく。食料生産率が上がれば時間的な余裕が生まれる。それまでのように国民全員が農民である必要はない。

ある者は職人になり、あるいは商人になったりして、新たな道具、たとえば効率のいい鋤《すき》や鍬《くわ》を発明してさらに農業の生産性を上げ、大量に収穫した米を備蓄する倉庫を建てる。余剰米を市場に運んで儲けるために道路や交通網を整備し、流通経済への道を拓く。

　こうした資本主義経済は、それまでの人類の長い経済史になかった、ある意味で「異常の」仕組みだった。それゆえに、これまでならあり得ない問題が生まれたのである。資本主義以前の封建経済、さかのぼって古代の奴隷経済の時代は生産性が低く、人々は常に食料不足の恐れと背中合わせの生活を送っていた。ところが、**資本主義経済はそれとは正反対で、最大の問題は食料があり余ること、過剰生産なのだ。**

　物をつくり過ぎてしまったために価格が下がり、それによって不景気になるというパラドックス（逆説）を、人類は初めて経験した。１９２９年にアメリカから始まった世界大恐慌も、過剰生産が原因だった。小麦やトウモロコシが穫れすぎ、肉類が市場に出回りすぎて、食料の価格が暴落し、アメリカの農家が次々に潰れていった。

　食料が食べきれずに余ってしまうなど、かつては考えられなかったことだ。食料や物資は常に不足するものだから、モノはつくればつくるほどいいというのが古い常識だった。長い間、人間は増産することしか考えなかった。ところが、資本主義経済はその常識を覆《くつがえ》してしまったのである。

そこで、生産が増えすぎたのなら、消費を増やしてバランスをとればいい。そのためには需要の増大が不可欠であると体系的に考えたのがケインズ経済学である。

資本主義というのは、過剰な生産のハケ口を見つけ、貯まった金をどこかに投資しなければならない構造を持っている。投資によって拡大再生産を行ない、利益を上げ、資本を回収する。その循環によっていよいよ拡大するのが資本主義（キャピタリズム）というシステムなのである。

これ以上、経済を発展させる必要はない？

話を戻そう。第二次世界大戦後、復興と成長を続けてきたアメリカとヨーロッパの経済が1970年代に頭打ちとなり、マーケットが飽和状態になった。日本経済も遅れて、その道をたどった。モノをつくっても、これまでのように「つくれば売れる」というわけではなくなった。では、次の成長のエンジンをどこに求めるかということになる。

日本でも戦後の高度経済成長期に、テレビ、洗濯機、冷蔵庫の電化製品3品目が「3種の神器」ともてはやされた。大量に生産されて価格が下がると庶民は競って買い求め、やがて各家庭に行きわたった。

次はカラーテレビ、クーラー、自家用車（カー）の3Cが「新・3種の神器」と言われた。1960年代半ばの庶民にとって豊かな暮らしのシンボルだったそれらの商品が飛ぶように売れ、日本経済は高度成長を続けた。

ところが、それらがどこの家にもあるのが当たり前の時代になると、当然ながら市場は伸び悩む。商品はどんどん高性能化し、洗練され、買い替え需要はあるにしても、これまでのような好景気は望めなくなった。日本もヨーロッパやアメリカと同じ状況に直面したのだ。

資本主義が行き詰まったのなら、ゼロ成長でいいじゃないかという意見もある。現代の極端な環境主義者が言うのと同じく、これ以上、経済発展をさせる必要はないということだ。しかし、これは資本主義というメカニズムの中で生きている上では、通用しない考え方である。

前述したように、資本主義経済は投資をエンジンとして動くメカニズムだ。投資を受ける側からすれば、借金をして経済活動を行なうということである。個人の場合なら、自分の給料を担保にして住宅ローンを組み、家を購入する。そのローン（借金）は、これから20年、30年にわたって返していかなければならない。万が一、経済が停滞して不況となり、職を失ったら返せなくなるし、銀行は融資額を回収できなくなる。

企業の場合は株式を発行し、あるいは銀行から融資を受けて事業を始める。株主には配当金を払い、銀行には利息を払っていかなければならない。かつては新開発の技術や、新たに発明した製品を世に出そうとしても、資金がなければどうしようもなかったが、資本主義社会では株式市場で投資家を募り、銀行の審査を通れば、工場を建設して画期的な新技術を用いた製品を売り出すことができる。元手がなくても事業を興せるのが、一種の資本主義のマジックである。もちろん、失敗する事業もあるだろうが、金を貸す側、投資する側からすれば、全体として儲かればいい。だから新しいアイデアが次々に生まれ、技術革新が行なわれ、経済が急速に発展していく。そういう仕組みを我々はつくり上げたのである。

だから、「経済成長を放棄する、ゼロ成長でいい」という考え方は、資本主義社会では自己矛盾でしかない。

情報社会が経済を牽引するのか

そこに「脱工業化社会」(Post-Industrial Society) という概念を持ち出したのがハーバード大学の社会学者ダニエル・ベルである。脱工業化社会というのは高度な情報化社会であるというのだが、これをさらに詳細に論じたのがアルビン・トフラーの『第三の波』(1980年刊) だ。

人類史における第一の波は狩猟採集社会にかわる1万5000年前の「農業革命」。第二の波は18世紀から19世紀にかけて起こった「産業革命」で、これによってヨーロッパは農業化社会から工業化社会に移行した。それに続く第三の波が「情報革命」で、情報化社会という脱工業化社会が訪れるとトフラーは言うのである。我々はすでに情報化社会の中にいるわけだが、今後、農業と工業を統合した情報社会が経済を牽引していくというのが、トフラーの見解だ。

しかし、この楽観的な未来論に私は懐疑的である。それが本当であれば結構なことだが、そんなに都合のいい話があるだろうか。

情報化社会の中心は情報伝達処理産業ということになるだろう。確かに、ビッグデータとAIを活用する現在の情報処理能力と速度は、数年前ですら予測できなかったほど指数関数的に進化している。しかし、それだけで先進国の経済はこれまでと同じように成長していけるのかといったら、恐らくそうはならないだろう。

なぜなら我々はまだ工業社会に住んでいる。情報伝達処理産業は単に情報を伝達し、処理するだけで儲かるわけではない。その情報自体に価値がなければ利益は生まれないのだから。では、利益を生み出す価値ある情報データとは何かといえば、それは第一に金融情報だ。

たとえばエンターテインメント情報は、外出することなく映画をダウンロードして自宅で観ることなどによって消費される。情報でお金が取れなければ、ビジネスにならない。情報に対して支払いが発生せず、単に情報が行ったり来たりしているだけでは、産業は発達しない。

ただし、金融情報も、単にお金がお金を生むバブル経済のような、株でいえば仕手株による値動きの情報のようなものでは基本的にゼロサムゲームになってしまう。結局、最も利益につながる情報は、エンターテインメントを含む実質を伴う物の売り買いだ。たとえば、自動車購入時に発生するローンの金融情報における伝達処理は利益を生む。つまり、物が生産され、消費される実体経済が大きく動かないところで情報産業だけが一方的に発達することは、ちょっと考えにくい。

物の経済成長が順調ならば、それに合わせて有料で伝達処理すべき情報も爆発的に増え、それによって情報伝達処理産業は非常に盛んになるということだ。しかし、「この金融商品は儲かりますよ」というバブル的な情報では、いったん損をしたら、もうそこに市場はなくなる。金融詐欺みたいな話は今も昔も尽きないから、そう考えると情報だけで経済を牽引するのは難しいと言わざるを得ない。

グローバル化による生き残り作戦

70年代、80年代に行き詰まった資本主義経済が再び発展するには、資本主義の本質である拡大再生産を持続させるしかない。それで初めて明るい未来図が描ける。結論から言うと、その方法は二つある。逆に言えば二つしかない。

一つは「資本主義のグローバル化」。もう一つは「先進国内におけるサービス経済の

拡大」である。

まずサービス経済だが、これは今まで見逃されがちだった個人経済、家庭内経済、あるいは共同体経済を市場化していくということだ。

たとえば母親が外で働いていて、忙しくてご飯がつくれなければ、家族そろってファミリーレストランに出かけて食事をするか、あるいはデリバリーを頼む。時間がなくて洗濯も大変ならクリーニング店に出す。これが家庭内経済（ホームエコノミー）の市場化だ。

お母さんがどんなにおいしいハンバーグやカレーライスをつくってくれたとしても、それはホームエコノミーだから、市場経済の経済成長には加算されない。

ところが、外に頼めばレストランもクリーニング店も儲かるから、マーケットエコノミーの数字に表れるし、母親が仕事先で稼いだお金もGDPに加算され、経済成長のプラスになる。

今月はちょっと苦しいとか、急な出費があって、友人や親戚からお金を借りたとしても、それは個人の問題だ。だが、人間関係がだんだん希薄《きはく》になってきたこともあり、親戚や友人に頭を下げるのも体裁が悪いのなら、カードローンや消費者金融から借りれば、そこにビジネスが生まれ、市場経済に寄与《きよ》することになる。

とはいえ、これらのサービス経済はどちらかといえば小さな経済成長の道筋である。そこでもう一つの資本主義のグローバル化だが、これは簡単に言えば、近代資本主義の存在しない国々、たとえば共産主義を放棄したロシアをはじめとする旧ソ連圏やチャイナなどに進出し、資本主義のシステム自体を拡大するやり方だ。これは非常に大きな可能性がある。

なぜなら、世界経済はたった15%の人口しか持たない先進国が支えているからだ。残りの85%のうち、かつてのソ連を中心とする東ヨーロッパの旧共産主義経済圏が7〜10%。あとは膨大な人口を抱えるインド、チャイナをはじめとするアジア、アフリカ、ラテンアメリカなど、開発途上国と言われる地域だ。OECD（経済協力開発機構）のメンバーになっていないそれらの国々は、近代資本主義国から見ればまったく未開発のままなのである。

とくに貧しい国では人々は裸足《はだし》で歩き、電車も自動車もない、電気も上下水道もない。そういう地域の経済が発展すれば、膨大な需要が生まれる。前述したように、資本主義にとって問題は供給ではなく、需要である。需要がなければ資本主義は自壊することになる。

資本主義が過剰生産に陥ると、抑圧された貧しい労働者は物を買えないから、必然的に資本主義は自ら滅びるとマルクスは言った。しかし、そうはならなかった。過剰生産による古典的な恐慌不況は確かに起こった。だが、裕福な資本家階級はますます富み、労働者はますます貧しくなるという観念的な二極化は起こらなかった。豊かな購買力を持つ中産階級がマーケットを構成し、それによって資本主義はうまく回転していくことになった。ジョン・ケインズや初代のヘンリー・フォードはこういった経済の見取り図を描いた。

アメリカ自動車産業の父、ヘンリー・フォードは、自社の工場労働者がフォード車を買えるようにしなければ、自動車業界に未来がないことを知っていた。労働者が貧しくては物が売れない。マクロな視点で見れば、賃金をどんどんアップし、労働者の購買力を上げたほうが、資本主義社会は健全に発展していく。

そう考えていくと、世界の人口の85%は今でも資本主義以前の社会に住んでいるのだから、そこをマーケット化し、資本主義の仕組みを広げていけば、資本主義が発展する余地はまだ十分にあるのだ。

資本主義を受け入れられない人々

しかし、事はそう簡単ではない。問題は近代資本主義化されていない国の人々のメンタリティである。資本主義はさまざまな近代的なシステムによって支えられている。たとえば私的所有権という概念がない社会、あるいは私有財産が認められていない社会に資本主義が根付くだろうか。資本主義的な経済に近づいていたチャイナが、もとの共産主義経済に戻ろうとしている。元来が私有財産制を否定する共産党独裁国家だから、資本主義の発展にも限界があったのだ。

戦前の日本が台湾と朝鮮半島を統治するにあたって最初にしたことは、土地の所有権の確定だった。この農地を持っているのは誰か、公有地はどこか。それをはっきりさせないと経済的発展は望めない。前近代的、あるいは非資本主義的な経済が支配しているところに資本主義を持ち込むのは容易なことではない。当時の台湾人、朝鮮人は、契約精神というものを知らなかった。借りた金は返す、踏み倒してはいけないという資本主義の基本的な倫理を教え、契約とは、何月何日までに製品を何個つくって納めますと約束したら、必ずそれを守ることだ、と教えなければならない。

貧しくて靴を履いていない人たちばかりだからといって、靴をつくれば売れるわけではない。まず、人々がお金を持っていなければ靴は売れない。タダで靴を配ったら資本主義もへったくれもない。働いて、靴を買えるだけの金を稼ぐことを理解させる必要がある。国によってそれぞれの伝統的な文化があるから、現地の人たちには葛藤もあるだろうし、軋轢《あつれき》も生まれるだろう。しかし、それだけの文化的・精神的な変革が受け入れられなければ、資本主義は広がらない。

「グローバルサウス」(インドやインドネシア、トルコ、南アフリカなど、アジアやアフリカなどの新興国・途上国の総称)と呼ばれる、かつての第三世界は、一時期そのほとんどが西洋列強の植民地だった。だが、貧しいのはそのせいだけではない。貧しいには貧しいなりの理由がある。近代的資本主義を受け入れるだけの社会インフラも、メンタルなインフラもないからである。

工場が始まる朝8時半に遅刻せず出勤し、1時間の昼休みをはさんで、夕方5時まで勤勉実直に働く。そんな我々にとってはごく当たり前のことができない人々が世界にはいくらでもいる。だから資本主義の拡大はそれほど簡単なことではないのである。

可能なことから根気よく順番にやっていかなければならない。

中露によるもう一つの経済圏

もう一つ、広大なかつての共産主義圏の問題がある。

1989年、東西ドイツを隔てるベルリンの壁が、次いで1991年にソビエト連邦が崩壊した時、誰もが共産主義は終焉《しゅうえん》を迎えたと思った。ところが、現在のロシアはどうか。西側の資本と技術を受け入れ、市場を開放し、ある程度、資本主義化が進んだものの、プーチンが大統領になってからはだいぶ風向きが変わってきた。2014年にクリミア半島を併合して西側から経済制裁を受けた時以降、ロシア経済はほとんどゼロ成長である。さらに2022年のウクライナ侵攻で、西側からの経済の締め付けはいよいよ厳しくなっている。これによってロシアにおける西洋的資本主義経済への流れは完全に頓挫《とんざ》した。

さらに極端なのがチャイナである。チャイナは鄧小平《とうしょうへい》が1978年に「改革開放政策」を打ち出し、14億の人民を食べさせていくために、日本や欧米に「チャイニーズは低賃金で一生懸命働きますよ」と持ちかけて西側の資本と技術を積極的に導入した。チャイナは「世界の下請け工場」として経済発展の道を歩み始めた。

民主化を求めるデモ隊を武力で弾圧した1989年の天安門事件が物語るように、国民に政治的自由は一切与えない。だがそのかわりに、鄧小平は家族で1台の自転車を持つことが夢だった国民に対して、一生懸命働けば昨日より今日、今日より明日は豊かになるという明るい未来図を、描いて見せた。朝、天安門の前を自転車に乗った人民服の集団が埋め尽くしている映像をご記憶の方も多いだろう。そこに自動車は1台も走っていなかった。

鄧小平が行なった市場経済化は、私有財産を認めない共産主義国家による、いわば疑似資本主義である。国有財産である土地を30年、50年のローンで企業に貸し出す。農民に対しても、人民公社を解体し、国有の農地ではあるが、自由に農作物を生産して儲けられるようにした。この鄧小平の改革開放によって、チャイナ経済は大きく発展した。しかし、現在の中国共産党の最高指導者・習近平にとってみれば、疑似資本主義が本当の資本主義経済に移行し、自由企業制度（フリーエンタープライズ）が定着して民草《たみくさ》が自立することは、共産党支配の終焉を意味する。

当然だ。共産党に頼る必要がなくなれば国民は勝手なことを言い始める。外国からの情報もドンドン入れば言論統制が効かなくなり、せっかく天安門事件で葬《ほうむ》り去ったはずの民主化運動が再燃する。そうなったらソ連崩壊の二の舞だ。

経済的に大躍進した江沢民、胡錦濤《こきんとう》の時代のやり方を当初は踏襲していた習近平だったが、チャイナの国力が飛躍的に増大したと見るや、習近平はかつての毛沢東独裁時代への回帰、すなわち自らへの権力集中、一強支配による共産主義的独裁への回帰に踏み切った。

アメリカに代わって世界の覇権を握るのは我が国だ、と臆面もなく発言するようになり、2015年には、今後10年間の製造業発展計画「メイド・イン・チャイナ2025」を発表し、「世界のハイテク製造業覇権」を目指すと公言した。これは14のハイテク分野でチャイナが世界一になり、産業面でも覇権を握るという計画だ。

2018年、ドナルド・トランプ米大統領は、チャイナは民主的な資本主義国とは異質な国であると見なし、チャイナの貿易はアンフェアである、知的財産権を無視して西側の特許を盗用していると批判し、米中対決時代に突入した。

習近平からすれば、このまま資本主義化を進めていくと外国資本の流入が止まらず、中国共産党の言うことを聞かない国民が出てくることは必然だ。だから、鄧小平とは正反対に、鎖国への道を進みつつある。デカップリングはけしからんと言いながら、習近平自らがデカップリングを行ない、西側から孤立した経済を目指している。その際の重要なパートナーとなるのが、ウクライナ戦争以降のロシアだ。

ソ連崩壊から10年ほどはロシアにも自由な時代があった。しかし、プーチン政権が誕生してからは、共産主義ではないが、強権的な政治に戻ってしまった感がある。西側の経済に呑み込まれるのを潔しとせず、かつての世界の覇権国の一つだった偉大なるロシアは、近隣諸国を従えたロシア勢力圏によってアメリカやヨーロッパに対抗していかなければならない。プーチンは、こういったロシア民族の権威主義ともいうべき考えを持っている。ロマノフ王朝が滅びようと、ソビエト連邦が崩壊しようと、世界に冠たるロシア民族の地位は揺るがないというわけだ。

それを維持するためには、西側の資本主義経済とは一線を画す必要がある。一時は相互依存を模索したが、ロシアから西ヨーロッパへ天然ガスを送るノルドストリームも爆破された（2022年9月）ため、もはやそれを諦めたということだろう。

ロシアとチャイナの国境を流れるアムール川に2022年、中露初の道路橋が開通した。中露が足並みを揃えて西側に対抗するもう一つの経済圏をつくっていこうという動きである。日本や欧米がチャイナに投資したのは、チャイナが資本主義化すれば、共産党独裁は自然に消滅し、民主国家に生まれ変わるだろうという期待があったからだが、結局、それは見果てぬ夢に終わった。

「グローバルサウス」に可能性はあるのか

なぜ、グローバルサウス（第三世界）が注目されるのか。そういう貧しい地域は放っておけばいいという議論もあるが、そうはいかない。そこは資本主義経済にとって次の開拓地である。たとえ貧しくてもアジア、アフリカ、そしてラテンアメリカの資源は豊富だ。それらの国の人々が資本主義という新たな経済システムを受け入れてくれて、資源開発を行なうことができれば、資本主義はさらに発展し、成長する。

グローバルサウスにおける資本主義のシステム拡大に、先進国の資本家と経営者は注目している。資本家に何兆円の資産があろうと、古代の王様のようにそれを黄金に換えたり、遊びに蕩尽《とうじん》したりするわけではない。世界一の大富豪と言われるイーロン・

マスクも、宇宙開発に投資している。資本というものは常に動かして拡大再生産させなければいけない。そして、100投資したものを110にして回収する。常に投資先を求め、投資が成功すれば利益が生まれ、株価も上がる。利益は融資した銀行に還元され、銀行は預金者に利息を払う。それが好循環して拡大していくのが資本主義のシステムだ。

ところが、その準備のできた国はそう多くはない。グローバルサウスがなぜ貧しいかといえば、経済が前近代のままだからだ。それゆえに日本のように資本主義化できず、植民地にされてしまった。そういう国々をこれから資本主義化していくためには、それぞれの国で文化的な革命、社会革命を起こさねばならない。チャイナは一度開けたドアを閉ざしてしまった。ロシアも同じである。資本主義が広まるには、各国の伝統的な文化との軋轢《あつれき》や社会慣習との衝突は不可避となる。だから準備ができた国から順番に取り組んでいくことになる。ただし、果たしてどれだけの国が変化を遂げることができるのか、それは未知数である。

世界の政治、イデオロギー、思想や文化は経済の力学に大きな影響を受ける。思想は精神世界の営みではあるが、人間が物理的に生きている以上、常にさまざまな条件によって拘束される。国際世界の変化、経済の動きによって思想も変わっていく。たとえば、日本は天皇中心の国だという考え方がある。日本は、もともと独自の文明を持った神々のしろしめす国であり、それは西洋とも、チャイナとも違う。そういう国学的な神道的な考え方が古代からあった。そういう思想がなぜ幕末に熱狂的に受け入れられ、国家意識が生まれたかといえば、西洋列強の帝国主義・植民地主義の前に日本国民が一体とならなければ国が守れないという客観的な政治情勢があり、かつ経済発展による国内マーケットの一体化があったからである。

神国・日本という思想と資本主義経済の成熟が一つになって外敵を打ち払い、明治日本が誕生した。伝統文化と思想、そして近代資本主義の発展が双方向に作用し、日本は近代国家に生まれ変わったということだ。

経済構造の変化に応じて政治思想が生まれる。歴史は経済と思想の相互作用によって動いていく。我々はそれを、空から眺める鳥の視点で、つまり鳥観図的に見ていく必要がある。

では次章以降、経済が国際政治にどのような影響を与えているのか、具体的に見ていくことにしよう。

1章

世界は「三つの勢力」で動いている

〝反国家的〟な国家指導者たち

２０１６年のトランプ当選以降、国際情勢では、三つの勢力が国家横断的な形で存在し、三つ巴《どもえ》の抗争を繰り広げている（左頁図参照）。これは、前述した資本主義のダイナミズムの延長線上にある。

三つの勢力の第一は、先進国における**「民主的ナショナリズム」**である。

第二が、プーチンと習近平を代表とする侵略的な危険性を秘めた**「独裁的ナショナリズム」**である。それらの専制国家群は旧社会主義的な排外主義的・統制主義的経済のもとにあり、中露・北朝鮮などが中核となって一つの経済圏を構成している。反米という点で、シリアやキューバ、イランもそこに入るだろう。

これについては多くの方が理解していると思うが、この対立軸の外側に第三の勢力として、反国家的な**「無国籍企業的グローバリズム」**という大きな勢力が存在する。

問題は、先進国のトップにこの反国家的グローバリストが多いことだ。アメリカのジョー・バイデン大統領、フランスのエマニュエル・マクロン大統領、それに英国の

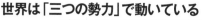

世界は「三つの勢力」で動いている

リシ・スナク首相がそうだし、日本の岸田文雄首相もこの勢力に属している。国家の指導者でありながら、国家を超え、自国の民主政治体制よりグローバルマーケット（世界市場）を重視する。自称「国境なき政治家」の投資家ジョージ・ソロス的な市場原理主義者たちが、その親玉である。彼らは無国籍グローバリストであり、民主国家である祖国よりも世界市場を優先するので、反民主国家主義者ということもできる。

これに対抗するのが民主的ナショナリストだ。いい例がアメリカのトランプ前大統領である。アメリカには草の根（グラスルーツ）的なコンサバティズム（保守主義）という言葉があるが、トランプはその代表的人物だ。

それから故・安倍晋三元首相、やはり故人だが、ベルルスコーニ元イタリア首相、それにハンガリーのオルバーン・ヴィクトル首相、ちょっと怪しいところもあるがイタリアの現首相、ジョルジャ・メローニもこの陣営に入る。

民主的ナショナリストは、自由貿易は重視するが、国家を否定してまでグローバリズムを歓迎するわけではない。別の言い方をすれば民主国家というものを最優先する。彼らに共通しているのは、保守主義に基づく経済ナショナリズムである。トランプの「Make America Great Again」（アメリカを再び偉大な国にする）、通称ＭＡＧＡ（マガ）運動や、安倍さんの「美しい国・日本」のスローガンがその象徴である。

一方、資本主義支持という点では共通しているが、バイデン、スナク、マクロンという米英仏の指導者がよって立つ無国籍グローバリズムを「保守」と呼ぶのは無理がある。無国籍グローバリズムの重要な要素である「タックスヘイブン」の実態を見れば、それもうなずけるだろう。

タックスヘイブンの「ヘイブン」というのは、「天国」の「ＨＥＡＶＥＮ（ヘブン）」ではない。「港、避難所」という意味の「HAVEN」(ヘイブン)である。嵐を避けて船が逃れてくる港、つまり税金(タックス)の避難所(ヘイブン)ということだ。

タックスヘイブンとは、税金を免除し、あるいは大幅に軽減する優遇措置をとる地域である。つまり、ここに資産を移せば世界各国の税収制度から逃れられるという、富裕層や大企業からすれば確かに天国のような地域だ。英国領ケイマン諸島、バージン諸島といったカリブ海の島国が代表的な地域であり、誰が真の所有者かわからない会社が、そこには立ち並んでいる。

実はGAFAM(グーグル、アマゾン、フェイスブック、アップル、マイクロソフト)のような超国家的巨大企業のペーパーカンパニーも、そういうところに設立されている。どう考えても税金逃れの反国家的行為でしかないが、実は英米仏の指導者たち、いわゆる「無国籍グローバリスト」はタックスヘイブンを積極的に保護している。

アメリカで最大の問題は、バイデンの「無国籍グローバリズム」と、トランプの「民主国家的ナショナリズム」の対立だ。バイデンとトランプの戦いは民主党と共和党の戦いではない。共和党内においても無国籍グローバル企業を支持する議員が少なくないのである。

GAFAMのようなグローバル企業は、アメリカという国家の自由企業体制があるからこそ生まれた。しかし、それらの巨大企業は今や国家を超え（トランス・ナショナル）、多国籍（マルチ・ナショナル）どころか、無国籍（ノン・ナショナル）企業となった。ちなみに「多国籍企業（マルチ・ナショナル・コーポレーション）」というのはピーター・ドラッカーという経営学者がつくった概念だが、それをさらに超えた企業を「無国籍企業」と筆者は呼んでいる。

たとえばアップルは、設計はアメリカ、製造や組み立てはチャイナのような発展途上国で分散して行ない、製品は主に豊かな先進国市場で販売する。そこから生まれる莫大な利益の多くの部分は、タックスヘイブンに蓄積する。これでは本拠地の先進国も、生産現場である発展途上国も税収不足に苦しむことになる。

人件費の安い発展途上国で物をつくり、先進国で高く売って儲け、利益はタックスヘイブンに集約する。この反国家的なやり方を擁護し、無国籍富裕層や無国籍企業を支えているのがバイデン、スナク、マクロン、そして岸田首相らのグローバリストたちだ。これまでは国益を第一に考えるのが国家の指導者だったのだが、彼らはグローバル富裕層やグローバル企業の代理人に成り下がっているのだ。

国家を否定する無国籍巨大企業

バイデンはメキシコとの国境をすべて開放し、不法移民がアメリカになだれ込んだ。安く使える無国籍の賃金労働者が入ってきたほうが、雇う側には有利だからだ。しかし、アメリカ国民の雇用を守るという考え方からすれば絶対に認められない移民政策である。確かにアメリカは移民の国だが、それは法律と秩序の上に成り立つものだ。そのルールを守れと言っているのが、トランプである。

トランプは移民国アメリカを否定しているわけではない。アメリカに移民を希望する者は規則に従って書類を提出し、順番を待って審査を受け、合法的に入国し、米国人としてアメリカのナショナリズムを担ってくれと言っているのである。

バイデンのように国境を開放し、国境がなくなれば国家が消失する恐れがある。しかし、グローバル企業にとって、それは望ましいことなのだ。**「グローバル」とは「無国籍」と同義なのだから、国家はなくていい。**むしろ、GAFAMのような無国籍の巨大グローバル企業にとって、国家とは税金を課し、ビジネスを規制する邪魔な存在でしかない。国家から自由になったほうがずっと儲かる。企業は巨大になりすぎると、そういう考え方をするようになる。これはマルクス主義者も予見しなかった現実だ。

マルクスの理論では、企業が巨大化し、数社がマーケットを寡占すると、その数社で談合してカルテルを結び、マーケットを独占するようになる。そうすると自由な競争がなくなってしまい、市場の機能が停止してしまう。言い換えれば国家の機能が乗っ取られて、数社の巨大企業による独占的資本主義が生まれる。それはいずれ帝国主義化して周辺国を侵略し、植民地争奪戦争を引き起こす。マルクス・レーニン主義者に言わせれば、「国家独占資本主義」こそ諸悪の根源だということになる。

アメリカでは19世紀後半に鉄鋼・鉄道・石油産業など、さまざまな分野で独占的・寡占的な企業が現れ、それぞれの分野でカルテルが出現した。その典型が「石油王」と呼ばれたロックフェラーのスタンダード・オイル社で、一時はアメリカの石油生産の90%を牛耳るまでになった。

そうなると、富が少数の企業に集中し、前述したように資本主義の基本である市場競争が失われ、新たに市場に参入することもできない。そこで当時のセオドア・ルーズベルト大統領は、自由企業体制を守るため、スタンダード・オイル社などの独占企業を分割した。石油産業だけではなく、「鉄鋼王」と呼ばれたアンドリュー・カーネギーが興した鉄鋼業やハリマン財閥の鉄道業界も同様である。

特定の企業が市場を独占することは資本主義のバイタリティを奪うことになる。だから今日でも、自由競争を守るため、日本でいえば公正取引委員会、アメリカでは連邦取引委員会（フェデラル・トレード・コミッション）や証券取引委員会（セキュリティ・トレード・コミッション）が市場を監視している。

レーガン大統領時代の1984年、AT&T（アメリカン・テレホン・アンドテレグラフ）が分割され、翌85年、日本では日本電信電話公社（電電公社）が民営化され、NTTに改編された。それまでアメリカでは長距離電話はAT&Tの一社独占だったし、日本の電気通信事業は公営企業である電電公社にのみ認められていた。これは、来《きた》るべきコンピュータとテレコミュニケーション革命の時代を前に、AT&Tや電電公社による独占を解体し、自由競争を促す一大社会変革だった。とはいえ、これはあくまでも国家（ナショナル）レベルの話である。

それから40年後のインターネット時代の今日、GAFAMのような巨大企業は、国家を横断して国際的な一大独占的マーケットを構成するに至った。これらのトランス・ナショナル企業、いわば超国家企業によって、古典的なマルクス・レーニン主義者の言う国家独占資本主義など、もはや遠い昔のものになってしまった。

一時期、アメリカではコングロマリットという複合企業体が流行った。これはさまざまな業種に分岐した企業形態である。独占禁止法の適用が厳しくなって、たとえば、一社が鉄鋼業でマーケットを半分以上占有すると独占禁止法にひっかかるので、スーパーマーケットや家電産業のような他業種に進出する。こういった多業種に横に広がる企業形態をコングロマリットと呼んだのだ。資本が横に広がっていくぶんには規制されないので、コングロマリットという企業形態が増えたのである。これが徐々に多国籍企業化し、グローバルマーケットを開拓して、無国籍企業に発展していった。

筆者はクレアモント大学院にいるときに、経営学の父と呼ばれるピーター・ドラッカーと話したことがあるが、彼が言っていたのは、「マルチナショナル・コーポレーション（多国籍企業）という概念は私がつくったものだが、本来、〝マルチナショナル〟というものはない。企業には必ず本籍があるのだ」ということだった。

たとえばエクソンモービルは1999年にエクソンとモービルが合併してできた会社だが、エクソンもモービルも、もともとはロックフェラーが19世紀に設立したスタンダード・オイル社の系譜を受け継いでいる。だから、本籍地はアメリカだという意味なのだろう。最も多額の税金を納めている国を本籍地としながら、いくつもの国で事業を展開する。それがマルチナショナル・コーポレーションだと、ドラッカーは言っていたように記憶する。これが1970年代後半の現実だった。

一方、現在のGAFAMのような企業形態は「マルチナショナル」という概念ではとらえ切れない。本籍地を持たないグローバル企業、つまりノン・ナショナル（無国籍）・コーポレーション、あるいはアンチ・ナショナル（反国家）・コーポレーションと呼ぶべきだろう。したがって、その考え方も行動様式も、従来の企業とは全く異なっている。本来、資本主義の批判者であるマルクス主義者ですら理解していないが、資本主義の最新の企業形態は〝無国籍企業〟なのである。

無国籍企業にとって国家というものは税金を取り、事業を規制する悪魔のような存在だから、どの国にも縛られることなく行動し、利益はタックスヘイブンにプール（貯蓄）しようとする。ジョージ・ソロスがその典型的な人物だ。彼の言葉の端々から、そういう世界観の持ち主であることがよくわかる。彼は無国籍の世界的政治家である。

だから我々は頭を切り替える必要がある。**従来の右翼的、左翼的などという考え方**

では、現実をとらえきれないのだ。

なぜなら、マルクス主義的な考えでは、大資本は労働者を搾取《さくしゅ》し、外国の市場を狙ってナショナリズムを喚起し、侵略戦争を起こす。それが資本主義国家だということになる。だが、現在はそうではない。大金融資本や大通信資本は無国籍化し、反国家的存在になっているのだ。

かつて左翼は「グローバリズム」ではなく「インターナショナリズム」という言い方をしていた。労働者は「インターナショナル」という革命歌で世界の同志と団結を誓い合った。「ナショナリズムに反対し、世界の労働者はともに助け合って資本家と闘わなければならない」というのが、左翼のインターナショナリズムだ。その延長線上にグローバリズムがあった。

ところが、労働者の敵だったはずの資本家と大企業は、かつての左翼以上にナショナリズムに反対し、グローバル化している。無国籍かつ反国家的な巨大通信資本・金融資本こそインターナショナリズムとグローバリズムの権化《ごんげ》となったのである。

右とか左の古いイメージでは現在の国際情勢は理解できない。だから多くの人が混乱してしまうのである。しかも、先進国の指導者たちがこの反国家的グローバリズムを推進しているとなると、ますます混乱するだろう。なぜ一国のリーダーが国益に反し、国家を破壊しようとするのか。それを知ることが現在の国際情勢の本質を理解することにつながる。

無国籍企業的グローバリズムに取り込まれた岸田首相

先進国では「グローバリズム対ナショナリズム」の対立がいよいよ鮮明になっている。これまでのアメリカにおける共和党と民主党、日本における右翼と左翼のような古典的な対立図式は崩壊した。共和党と民主党を隔てる一線を越え、共和党内にもタックスヘイブン擁護派の議員がいる。

逆に、民主党内にも、トランプ的な草の根保守の民主的ナショナリズムを主張する議員が、少数だが存在する。だから彼らは、脱・民主党の動きを見せている。民主党はもともと労働組合の支援を受け、アメリカ国内の労働者たちのために働く政党だったから、決して不思議なことではない。

2024年の大統領選に無所属での立候補を表明したロバート・ケネディ・ジュニ

ア（ＲＫＪ）も、その一人だ。彼は１９６８年に暗殺されたロバート・ケネディ司法長官の息子である。ということは同じく凶弾に倒れたジョン・Ｆ・ケネディ大統領の甥にあたる。グローバリズムをよしとせず、一般労働者の味方だった古き良き民主党に戻ろうというのが彼の主張だから、トランプの考え方に近い。ＲＫＪは民主党指名候補の獲得を目指していたが、結局、無所属で立候補することになった。ただし、彼は最近、米グローバリスト財界の支援を受け始めた。本選挙では、トランプ票を割る候補になる危険性が出てきた（詳細は2章）。

２０２３年9月、典型的なグローバリストである民主党のロバート・メネンデス上院議員が収賄の罪で起訴された。エジプト政府に米政府の機密情報を伝え、同国の実業家の便宜を図る見返りに現金を受け取っていたという。そういう人物が大手を振って歩いているのが現在の民主党だ。詳細は後述するが、そんな民主党からトランプ運動に転向する人たちが増加傾向にある。

アメリカにおけるバイデンの無国籍グローバリズムとトランプの民主的ナショナリズムの対立と同じような状況が、実は日本でも生まれつつある。日本の国益を第一に考える保守のナショナリストが存在する一方で、現在の岸田政権とそれを支える自民党議員たちが、無国籍グローバリズムに取り込まれているのだ。

２０２３年9月、岸田首相はニューヨークの「経済クラブ」で講演し、日本に「資産運用特区」を設けると表明し、海外投資家に日本市場への参入を呼びかけた。「日本には２０００兆円を超える個人金融資産があります、すべて英語で行政対応しますから、どうぞ、それを運用して儲けてください」というのである。そんな特別サービスまでして海外のファンドマネージャーの便宜を図ったとしても、下手をすれば資産を海外に持ち逃げされ、日本の投資家に大損を強いることになりかねない。

日本はある意味、世界一金持ちの国である。日本国の対外純金融資産は約2・8兆ドルで、世界最高だ。日本には金があり余っているのだが、では、なぜそれを日本国内で日本人に運用させせないのか。なぜ「資産運用特区」までつくり、日本の資産を「持っていってください」と言わんばかりに外国人のファンドマネージャーを呼び込もうとするのか。

日本には新しい技術があり、伝統的な産業もある、だから、日本のお金は、日本に投資すべきだとアピールするのならわかる。だが、「日本人のお金を使ってくれ」と言わんばかりのお願いをニューヨーク経済クラブだけではなく、ウォールストリートやロンドンでもしている。これは岸田首相がグローバリストだという証《あかし》である。

岸田首相は米バイデン政権や英政府に言われるがまま、無国籍グローバリズムの流れの中で政治をしている。もちろん、自民党の中にそれへの対立軸はあるのだろう。しかし、安倍さん亡き今、民主的ナショナリズムを代表する政治家が日本にはいなくなってしまった。これが日本の混迷を生んでいる理由である。

現在の国際情勢は、独裁国家と民主国家の対立だけではない。民主国家の中で民主的ナショナリストと反国家的な無国籍グローバリストが対立している。このことのほうが、むしろ重要なのだ。

日本にも習近平の独裁国家が好きな人たちもいる。そういう人たちは、中国共産党の手先として反日活動に勤《いそ》しんでいる。ところが、極左が日本財界から金をもらって働くという、ひと昔前なら考えられないことが起こっているのだ。アメリカで無国籍財界が極左を財政支援しているのと同じ現象である。右と左、保守と革新という既存のカテゴリーでは理解できないのが現実だ。

今日の国際情勢は三大勢力の相克、三つ巴の戦いだということを熟知する必要があるのだ。

BLMへの献金額(2020~2023.3)

クレアモント・インスティテュート「Center for the American Way of Life
(アメリカ的生活様式の為のセンター)」の調査

Amazon	1億6,955万
アメリカン・ファミリー・インシュアランス・グループ	1億　500万
Apple	1億
Bank of America	182億5,000万
Black Rock	8億1,000万
Exelon	31億
Facebook	10億5,000万
Goldman Sachs	101億1,000万
HP	1億6,800万
IBM	2億5,200万
JPMorgan Chase	300億
マッキンゼー	2億2,200万

Microsoft	2億4,460万
NFL(プロ・アメフト団体)	2億5,000万
Open Society 財団(ジョージ・ソロス)	2億5,300万
Paypal	5億3,500万
Sony Music Group	1億
Twitter	1億　740万
U.S.Bancorp	5億　300万
Walmart	1億
Wells Fargo	2億
Silicon Valley Bank	7,065万

単位:ドル　寄付(約束も含む)

日本円にして12兆円以上の活動資金がBLMに

タックスヘイブンを支配する者

「反国家的・無国籍グローバリズム」「民主的ナショナリズム」「独裁的ナショナリズム」の三つのほかにもう一つ、新興左翼勢力がある。アメリカでは、ANTIFA(アンティファ)やBlack Lives Matter(ブラック・ライヴズ・マター)、通称BLM)のような極左集団が暴れている。

　BLMは日本円にして12兆円以上の活動資金を提供されている。その大部分は無国籍グローバリズム企業の献金によるものだ(表参照)。

アメリカでは寄附金も公表されるので、それをクレアモント大学のシンクタンクが丹念に調べ上げた。信用できる数字である。彼ら極左テロリスト集団は、無国籍巨大企業の反国家的グローバリストの援助を受け（はっきりと言えば金をもらい）、その影響下で民主国家の破壊活動を行なっているのである。

ＢＬＭは毛沢東主義者だそうだから、中国共産党も応援しているだろう。しかし、彼らの主な収入源はアメリカにある。巨大グローバル企業は無国籍とはいえ資本主義だから、ＢＬＭやＡＮＴＩＦＡとは究極の目標も、価値観も世界観も違うはずだ。しかし、左翼に言わせれば、現在のデモクラシー国家を打倒するという当面の目的は、グローバル企業と共通している。**現在の左翼は巨大企業の下請け的存在なのだと考えれば、世界経済と国際政治情勢がはっきりと見えてくる。**

誤解してほしくないのが、トランプをはじめとする民主的ナショナリスト、草の根保守主義者はグローバリズムやインターナショナリズムを決して否定しているわけではない。国際ルールのもとに国家間の自由貿易を行なうのであれば大いに結構だが、それはあくまで国家＝国益あってのことで、国家を否定することは絶対に許されない。民主国家にとって国家の枠組みを解体することは、すなわちデモクラシーの否定そのものである。

では、反国家的な無国籍グローバル企業を管理しているのは誰か。それを考えるうえで重要なのは、前述したタックスヘイブンのネットワークというものを支配しているのは誰かということである。

大英帝国は第二次世界大戦で滅びたが、その古い植民地ネットワークの中から最大のタックスヘイブン・ネットワークが生まれた。たとえばカリブ海のケイマン諸島やバージン諸島などの英旧植民地や英海外領土、それにグレートブリテン島に近い王室属領のガーンジー島、ジャージー島、マン島などなどである。そして、それを牛耳っているのが「シティ」と呼ばれるロンドンの金融街だ。

ロンドンのシティは実は治外法権になっている。ニューヨークのウォールストリートや東京の兜町《かぶとちょう》は単に地名に過ぎないが、シティは英国（ユナイテッドキングダム）政府に対して自治権を持ち、国王でも勝手には入れない、特殊な自治体である。したがって、シティに入ってくる金、出ていく金には税金がかからないし、英国の規制も一切通じない。

第二次世界大戦後、インドをはじめ、アジアとアフリカの英国植民地が次々に独立を果たし、かつての世界に冠たる大英帝国の面影はすっかり失われた。だが、植民地への投資を促すための税制優遇措置が各地に残っていた。そこで1953年、シティはその遺産を利用し、タックスヘイブン・ネットワークをつくり出した。これまでの法律解釈を変え、外国から入ってきて外国に出て行く金に対しては、国家の規制をしないことにしたのだ。つまり国内用と国外用の「二重帳簿」を公然と認めたのである。だから、世界中から隠し資産や犯罪に関係した金がシティに流入し、マネーロンダリングされるのである。

シティと英旧植民地のタックスヘイブン・ネットワークは「ハブとスポークの関係」と言われる。自転車の車輪はハブを中心にたくさんのスポークが円周に向かって伸びている。そのハブがシティであって、地理的にはタックスヘイブンの拠点がカリブ海に存在していても、その中心はシティ・オブ・ロンドンにある。

こうした旧コロニアリズム（植民地主義）による旧植民地利権が英国にはいまだに残っており、それを支配しているのが、筆者が「英国守旧派」と呼ぶ存在だ。そしてタックスヘイブンを利用しているのはアメリカ生まれのGAFAMのような巨大企業のほか、世界の超富裕層、あえて言えば世界経済フォーラム「ダボス会議」に集まるような人たちだ。無国籍巨大企業の経営者や株主など、現代の王侯貴族とも言えるそういう人々が、タックスヘイブンを利用し、富を蓄えている。その内情をコントロールしているのが、シティと英守旧派なのである。

タックスヘイブンに対する世界的な規制の動きも出始めている。アメリカでは外国口座税務順守法（Foreign Account Tax Compliance Act）、略してＦＡＴＣＡ（ファトカ）という法律が２０１４年7月から施行された。

時を同じくしてＯＥＣＤ（経済協力開発機構）加盟国でも、非居住者の金融口座情報を税務当局間で自動的に交換する国際基準（ＣＲＳ）が設けられた。かつては、たとえばアメリカの企業が、日本でどれだけ稼ぎ、どのように税金を納めているか、ＩＲＳ（内国歳入庁）、つまりアメリカの国税庁は把握できなかった。

逆に、日本人がアメリカで仕事をして得た収入は日本の国税庁にはわからなかった。だから脱税しようと思えば可能だった。それがＩＲＳと日本国税庁はＦＡＴＣＡに基づき自動的にデータを交換するようになったので、税金逃れはできなくなっている。徐々に包囲網が狭まっているとはいえ、アングラ・マネーはタックスヘイブンという「租税回避地」に逃げ込まれてしまえばどうしようもないのだ。

中東紛争をウラで操るワルは誰だ

英守旧派（タックスヘイブン特権を擁護する無国籍企業と、それを支える富裕層）は、世界中の紛争にも深くかかわっている。

２０２３年10月7日、パレスチナ自治区ガザを実効支配するイスラム過激派「ハマス」がイスラエルを攻撃、２４０人以上の人質を取り、１０００人以上が虐殺された。これに対し、イスラエルは報復としてガザ地区への軍事作戦を敢行、ハマスの拠点とされる病院や難民キャンプを攻撃し、ガザ地区の死者は1万人を超えるとハマスは公表した。

ハマスの行為はテロそのものであり、決して許されるべきではない。しかし、一方で、イスラエルはハマスの動向を察知できなかったのかという疑問も生じる。『テロリズムとはこう戦え』（ミルトス刊）という著作もあるタカ派のビンヤミン・ネタニヤフ首相としては、テロ対策の専門家でもあるだけに大失態というしかなく、戦争が一段落した後で責任を問われることは免れない。

ユダヤ教の最も神聖な祭日ヨム・キプールの日に、エジプト、シリア両軍がイスラエルに攻撃を仕掛けて勃発《ぼっぱつ》した第四次中東戦争（1973年10月6日）からちょうど50年、10月6日前後に何かあるのではないかとイスラエルの情報機関「モサド」は警告を発していた。また、ガザと回廊でつながっているエジプトも、情報機関を通じてハマスの動向を察知し、イスラエル側に「ハマスが武器を集めている。攻撃を始める可能性が高い」と繰り返し警告していたという。

ところが、ネタニヤフ政権は耳を貸さなかった。どうやらハマスよりもレバノンの「ヒズボラ」の動向を警戒していたらしい。イランと直接結びついているシーア派のヒズボラは、ハマスよりも組織的で、兵器を大量に抱えており、一方ハマスには最近、目立った動きが見られなかったからである。

しかし、ヒズボラが拠点とするレバノンで2023年8月頃、ヒズボラ、ハマス、イランの関係者が会合を開き、何かしら話し合われていたという情報もある。そのような動向もイスラエルは把握していたはずだが、にもかかわらずネタニヤフ政権の動きが鈍かった背景には、国内問題が大きく絡んでいる。

イスラエル国内では、最高裁が出した判決を国会の過半数で覆《くつがえ》すことができるという司法改革が国会を通過したばかりだ。三権分立の原則を踏みにじるこの〝改革〟は、複数の汚職疑惑で起訴され、公判中であるネタニヤフの保身のためとしか考えられない。国会は通過したものの、国論を二分する騒ぎとなり、「イスラエルの民主政治を破壊する」と、大規模な反ネタニヤフ運動が起こった。

軍の幹部の中にも司法改革に反対を表明する者が多数現れ、予備役1万人が兵役拒否を表明するほどで、ネタニヤフ政権は国内治安対策に追われていた。その隙を、ハマスに突かれたのである。

中東では常に紛争が発生している。もちろんイスラエル、パレスチナ、アラブ諸国いずれにも穏健派・和平派は存在するのだが、話し合いによって和平が成立しそうになると、必ずそれを望まない勢力が潰す——そんなことが延々と繰り返されてきた。今回もイスラエルとサウジアラビアの国交樹立の動きが、ハマスによるイスラエル攻撃の引き金になった。

両国の国交が正常化するようなことになれば、アラブ諸国から「みかじめ料」を取り立てている〝用心棒〟ハマスの存在意義が薄れてしまう。

だが、その裏に、実はさらに邪悪な存在が控えている。**戦争・紛争を煽り、世界が**

混乱することで甘い蜜を吸っている連中だ。その代表的な存在が、前述した英国の守旧派である。今回もハマスの裏で糸を引いているのは英守旧派だと筆者は見ている。彼らが今のタイミングでハマスを動かした理由とは何か。その前提に、ウクライナ戦争の現状がある。

ウクライナ戦争は徐々に終結に向かっており、ウクライナの勝利は厳しい状況にある。国内の政治腐敗がひどく、欧米の「援助疲れ」で同国の継戦能力が失われつつあるからだ。ウクライナ戦争は、ロシアがウクライナ東部とクリミア半島を制圧した状態で休戦・停戦とならざるを得ないだろう。

そもそもウクライナ戦争の仕掛人は時の英米政権だった。ロシアの妨害をし、ウクライナ支援を積極的に仕掛け、ロシアが侵攻するように仕向けたのである。ウクライナ不利のまま終結すれば、バイデン米政権やスナク英政権（戦争開始時はジョンソン政権）のメンツは丸つぶれである。

バイデンは国内政策でも行き詰まっている。トランプ政権が建設したメキシコとの国境の壁の建設を中止させたものの、不法移民の急増に野党・共和党だけでなく、民主党内からも批判の声が上がり、建設を再開せざるを得なくなった。さらに、日本のメディアではほとんど報じられていないが、息子のハンター・バイデンの海外ビジネスを巡る不正疑惑が広くアメリカ国民の知るところとなり、さらにハンターは銃の不法所持など、3件の罪状によって連邦法違反で起訴された。そのような状況から民主党内でもバイデン不支持が広がっている。バイデンの圧倒的支持者だった『ワシントン・ポスト』の著名コラムニスト、デイビッド・イグナチウスからも「バイデンは2024年の選挙に出馬すべきではない」と批判されるほど、バイデンは四面楚歌の状況にある。

スナク政権も同様だ。カーボン・ニュートラル実現のため、2030年までにガソリン車とディーゼル車の新車販売を禁止するというジョンソン政権時の目玉政策を、5年間延期せざるを得なくなった。脱炭素政策の失敗を認めたも同然である。

電力不足を補完するための新規の原発を建設するにも予算が足りない。派手にブチ上げた高速鉄道計画は資金不足で頓挫《とんざ》した。現在の英保守党政権は崖っぷちに追い詰められている。

ウクライナ戦争に対しても何ら打つ手がない。グラント・シャップス国防大臣は英陸軍をウクライナに派遣し、英国だけでなく現地でもウクライナ兵の訓練を実施する可能性を示唆した。また、英海軍が黒海でどのような役割を果たせるか、ゼレンスキーと協議したことも明らかにしているが、黒海に英艦隊を派遣などしたら、ロシアとの全面戦争になる恐れがある。しかし、ウクライナ戦争を継続させたい勢力が英国内には根強く存在する。それが英守旧派である。彼らは米露の第三次世界大戦すら画策している。

政界においては、ボリス・ジョンソン元首相やトニー・ブレア元首相などが守旧派の代表的人物だ。２０２２年３月から４月、ウクライナとロシアが和平交渉の段階にあった時、英首相のジョンソンはキーウを訪問し、全面的支援を表明してゼレンスキーに戦争継続を促し、和平交渉を決裂させた。

戦争煽動トリオが第三次世界大戦を狙っている

そのかいもなくウクライナ戦争が行き詰まってしまうと、彼らは中東に目を転じた。英守旧派はこれまでも、中東を常に不安定な状態にしておくため、常に紛争を背後で操ってきた。戦争が長期化することで英守旧派は甘い蜜を吸うことができる。イスラエルとパレスチナにしても、ネタニヤフの強硬路線を支持する一方で、パレスチナ側、特にハマスをけしかけ、イスラエルと長期戦になるよう仕向けるのである。ウクライナに供与された兵器がハマスにわたっているという情報もある。そんなことがなぜ可能なのか。裏で操っている勢力が同じだからだろう。

万が一、中東情勢が安定してしまったら、イスラエルの優れたIT技術とアラブ諸国の膨大なエネルギーや資金が一体となり、中東に一大金融センターができるかもしれない。中東は大発展するだろう。しかし、そうなったら、シティ（ロンドンの金融街）は大打撃を受け、英守旧派の利権は雲散霧消する。特に重要な利権がタックスヘイブンである。**英守旧派は無国籍企業の脱税や富豪たちの隠し財産の情報を握り、世界各国の要人をコントロールしている。**しかし、タックスヘイブンは戦争があるうちはいいが、世界が平和になり、諸国が税務情報を交換・共有することになったら存続が難しくなる。

しかも英国はEUを離脱した。そのため、シティに拠点を置いていた欧州の金融会社は、みな欧州に戻ってしまった。だが、戦争になれば、株価や為替《かわせ》も自由に操作できる。だから、対立を煽ることで、アラブやイスラエルの金をシティに還流させてい

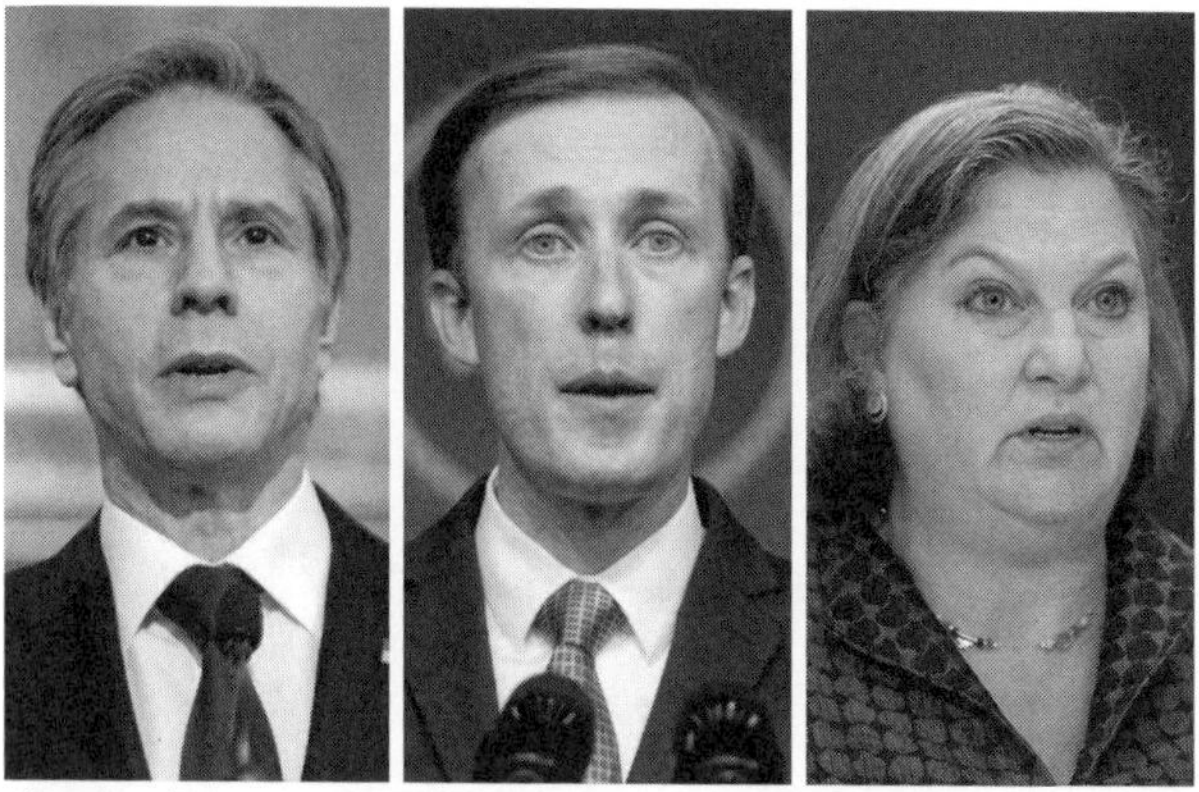

左からブリンケン国務長官、サリバン大統領補佐官、ヌーランド国務副長官代理。「戦争扇動トリオ」だ
（写真：ロイター＝共同、Lamkey Rod/CNP/ABACA/共同通信イメージズ）

るのだ。ハマスはガザからイスラエルを攻撃したが、テルアビブの金融中心街はまったく攻撃しなかった。そのため、テルアビブの株式市場は閉鎖せずに済んでいる。イスラエルに打撃を与えたいなら、テルアビブ、特にその金融センターを攻撃するのが当然だが、金融資本の意向が大きく働いたのではないだろうか。ハマスと無国籍金融資本家が裏でつながっている間接的証拠である。

一方のアメリカは、すっかり認知症の進んだバイデンに代わり、アントニー・ブリンケン国務長官、ジェイク・サリバン大統領補佐官、ヴィクトリア・ヌーランド国務副長官代理の3人が外交安全保障政策を取り仕切っている。バイデン政権の左派3人組である。中でもヌーランドは2014年、オバマ政権の国務次官補時代にウクライナで反露クーデターを仕掛け、ヴィクトル・ヤヌコーヴィチ大統領の親ロシア政権を追放して、プーチンのクリミア併合のきっかけをつくった張本人である。

かつては3人ともオバマ政権の国務長官ヒラリー・クリントンの側近であり、ヒラリー・チームのメンバーだった。ヒラリーが、リビアの独裁者・カダフィ大佐を死に追いやった時もヒラリーの手足となって働いていた人たちだ。

確かに、リビアのカダフィも、ブッシュ・ジュニア政権が2003年に倒したイラクのサダム・フセイン大統領も、我々の価値観からすると一見、悪の巨魁のようだが、いずれも安定政権を維持し、独裁者ではあっても、アラブ諸国にあって彼らの政治手腕はそれなりに評価すべきものだった。国民生活のレベル向上には尽力したのだ。

そもそも中東には、イスラエルを除けば民主国家などというものは存在しない。エジプトでは選挙こそ行なわれているが、軍主導の極めて権威主義的な国家である。どこも似たり寄ったりの独裁国家で、ただ古い独裁国家と新しい独裁国家があるだけだ。サウジアラビアやヨルダンのような王様独裁の国家と、カダフィやフセインのような軍人・革命家による独裁国家しかない。つまり、アラブ世界には、新しい独裁と古い独裁しか存在しないのだ。

だから、余計な干渉をしなければ中東情勢はそれなりに安定するはずなのだ。しかし、戦争や内戦を起こし、反米的な政権を潰して、混乱と大量の難民を生む状況を意図的につくり出したのが、オバマ政権であり、ヒラリー・クリントン国務長官（当時）だった。その命令に従って暗躍していたブリンケン、サリバン、ヌーランドの3人組が、そっくりそのままバイデン政権にいるのである。

認知症の症状が進行中のバイデンは、イスラエルに行ってネタニヤフと会談した時も、言っていることがほとんど理解不能だった。自分がウクライナにいるのか、イスラエルにいるのかもわからないのではないか、と思えるほどだった。そこまで認知能力が減退しているのだ。

そんな大統領のもとで、戦争屋3人組はやりたい放題である。特にヌーランドには人命尊重などという考えがかけらもなく、ウクライナにどんどん兵器を提供し、ウクライナの若者がどれだけ死のうと意に介さない。そういう人間が政権の中枢にいるのである。彼らにすれば、ウクライナ戦争の仕掛けがうまくいかなかったから、次は中東で、くらいの気持ちなのだろう。

ハマスが危うくなってきたら、イランが介入してくる恐れがある。そしてイスラエルとイランの戦争になったら、アメリカがイスラエルの側に、ロシアがイランの側に立って戦争に介入し、中東を舞台にして、米露の核保有国同士によるハルマゲドン、つまり第三次世界大戦が起こりかねない。

いや、むしろそのシナリオにしたがって動いている集団がある。口では戦争を回避すると言いながら、実際は戦争をエスカレートさせたい3人組のような連中がバイデン政権にはいる。

バイデンはバイデンで、フランクリン・デラノ・ルーズヴェルト（FDR）になりたがっているようだ。ニューディール政策が失敗に終わり、行き詰まったFDR政権は日本に真珠湾を攻撃させて第二次世界戦争に参戦、戦争特需によって米国経済を復活させた。バイデンが認知症であるように、晩年のFDRは病身で、大統領職は側近が代行していた。バイデンと戦争煽動トリオは第二のFDR政権に倣《なら》っているかのようだ。

FDRのように戦時大統領ともなれば大きな権限を手にすることができる。**大統領**

の椅子から引きずり降ろされそうなバイデンにとって、再選を確実にするには、第三次世界大戦を引き起こすしかないのだろう。あるいは、米国内で9・11のようなテロを起こさせることも考えられる。そうすれば全米を事実上の戒厳令下に置き、バイデンはサバイバル（生き残り）できる。

葬られたトランプの中東和平構想

それに対抗するのはトランプしかない。トランプは米ネオコン・英守旧派の動きを熟知しており、ネタニヤフにも批判的だ。メディアではトランプとネタニヤフとの深い関係を指摘されることもあるが、それは間違いである。ハマスのイスラエル襲撃直後、トランプが「ネタニヤフ首相とは直接会話をしていない」と明言したことからも、トランプとネタニヤフとの距離がわかる。

トランプは大統領時代を通じて、ネタニヤフに裏切られることが多々あった。2020年の正月早々、トランプ政権はイラン革命防衛隊のトップ、スレイマニ司令官の暗殺に成功したが、当初はイスラエルとの共同作戦で実行の予定だった。ところが、作戦実行の直前にネタニヤフが離脱。トランプは「ネタニヤフはイランのテロリズムと本気で戦う気がない」「アラブと和平をしたいとは思っていないことがわかった」と述懐《じゅっかい》している。

トランプ政権は中東和平のために尽力し、イスラエルとアラブ4カ国(UAE、バーレーン、スーダン、モロッコ)との国交正常化の合意を取り付けた。その延長線上には、アラブの盟主サウジアラビアとイスラエルの国交樹立が目標としてあった。当時、トランプがネタニヤフに「こんなことは(次期大統領に立候補していた)バイデンにはできないだろう」と自慢したら、ネタニヤフは「米国が和平のために努力していただくことは何でも歓迎します」と言葉を濁《にご》した。

そして2020年の米大統領選。不正疑惑があったにもかかわらず、米国メディアが一斉に「バイデン勝利」を報じると、ネタニヤフは外国首脳の中で真っ先にバイデンにお祝いのメッセージを送ったのである。イスラエル安定のためにネタニヤフを支持し続けていたトランプが不信感を抱くのは当然だ。ネタニヤフは英守旧派からトランプとの関係を牽制されていたのではないだろうか。

しかし、本質的な意味で、イスラエルは被害者である。英守旧派のやり方で一番汚い仕事をやらされていたのが、イスラエル右派だ。英国からの支援がないとイスラエルは安定しない。だから常に英国の言いなりにならざるを得なかったのだ。

トランプはイスラエル極右と英守旧派の結びつきをよく理解していたから、両者を切り離すことが必要だと考えていた。イスラエル右派に対して、英国の支援がなくても、アメリカが全面支援してイスラエルの安全保障環境を守ると伝えた。そして、その言葉が嘘ではないことを示すため、トランプ政権は在イスラエル米国大使館をテルアビブからエルサレムに移転させた。歴代米政権の誰も成し遂げられなかったことだ。英守旧派とイスラエルが縁を切り、本格的にアメリカが支えることで、アラブとの和平を実現しようとしたのである。

そして、トランプはイランとの和平を視野に入れ、2020年の米大統領選挙直前に、「私の政権が2期目になれば、イランとの国交正常化はすぐ目の前だ。1週間ではできないが、1カ月でできる」と豪語した。というのは、スレイマニ暗殺によって、イランの宗教指導者たちは救われた一面があったからだ。スレイマニ率いるイラン革命防衛隊は経済特権を有し、いわば国の中に別の国が存在しているようなものだった。スレイマニはイラン指導者にとっても目の上のタンコブであり、和平交渉を妨害する存在であった。トランプはイランの国内事情を把握したうえで、スレイマニ暗殺に踏み切ったのだ。

実際に、トランプは「イランの指導者はスレイマニの暗殺を喜んだだろう」と明言している。筆者も同じ見方をしていたのだが、トランプのこの言葉でそれが証明されたことになる。

そのようにしてアメリカはイランと国交を正常化し、そのうえで、イスラエルとイランの関係改善にも配慮する。一方、イスラエルとサウジアラビアに手を握らせ、中東の和平を実現させる……。これがトランプ構想だった。しかし、それを望まない勢力に阻《はば》まれ、トランプは再選できず、中東に再び暗雲が垂れ込めたのである。

ただし、サウジアラビアとイランは、意外に冷静に対処している。10月7日の直後、サウジのムハンマド・ビン・サルマーン皇太子が、イランのエブラーヒーム・ライースィー大統領と電話会談をし、戦争拡大抑止に向かおうとしている。サウジアラビアは石油を増産し、石油価格を安定させるような政策も取っている。今までサウジの皇太子には頼りない言動が見られたが、今回に関しては堅実に対応している。エスカレートすれば、英守旧派・米ネオコンの意のままに操られてしまう。それだけは何としてでも避けたいという思いがあるのだろう。皇太子はトランプと近く、トランプのアドバイスを聞いているのだろう。イランの外相はハマス積極支持だが、イラン大統領は冷静のようだ。

ちなみに、イスラム思想研究家の飯山陽《いいやまあかり》氏は、インターネットの会員制配信サイトで、サウジアラビアはハマスを見限ったのではないかと指摘していた。

飯山氏によると、サウジアラビア政府の準公式衛星ニュース放送「アル＝アラビーヤ」に出演したハマスのスポークスマンに対し、番組のアンカーウーマン（司会者）は、今回のイスラエル攻撃に関して、ハマスはパレスチナ自治政府にもガザの人々にもひと言の相談もなかったと非難していた。まして、反イスラエル闘争への参加を要請しているほかのアラブ諸国に対しての事前通告もまったくなかった。ハマスはパレスチナ人の正当な代表ではないと司会者は断言したというのだ。

イスラエルの民間人だけでなく、ガザ地区の住民にも大変な被害が出ている。これを指摘されると、ハマスの代表は、ハマスは民間人への攻撃は一切行なっていないと反論しつつ、民族解放闘争に民間人の犠牲者が出るのは当たり前だと開き直った。すると、司会者は「仲間のパレスチナ人に多くの犠牲者が出ているのは民間人を人間の盾として利用しているからだ。ハマスのイメージがＩＳ（イスラム国）と同じくらいに悪化したのは自業自得だ」と批判した。ハマスは民間人虐殺も平気でやる組織だと「アル＝アラビーヤ」は断言したのだ。これまではハマスの代表が出演しても、言いたいことを言わせていたのだが、論調が１８０度覆ったのである。

サウジアラビアは表向きハマスを非難することによって、裏でつながっていることを覆い隠そうとしているのではないか、と勘繰る向きもある。確かにそういう憶測もあり得るが、しかし、これまでのスタンスとガラッと変わったのは、さすがにもうハマスにはついていけないという態度の表明だろう。

飯山氏は、ハマスがガザ地区に住んでいる200万人の代表だという日本のマスコミや日本政府の基本認識は間違っていること、マスコミが描く虚像の中東情勢を信じると日本の中東外交が方向を誤ること、を警告している。ハマスのようなテロ組織を真っ向から非難し、サウジアラビアのような平和を志向する穏健な国と友好を結ぶというスタンスを明確にしないと、いつの間にか日本がテロ集団を支持してしまっていることになりかねない。事実の正確な認識に基づく飯山氏の指摘は、専門家だけにポイントを鋭くついている。

イスラエルもアラブ諸国も戦争拡大を望んではいない。結局、英守旧派と、それを支える勢力の利益になるだけだ。したがって、イスラエルとハマスの紛争は短期で終わるのではないだろうか。

ただし、戦争だから、何が起こるかわからない。東地中海に派遣したアメリカの空母がハマスから攻撃を受けたとなったら、アメリカは直接介入せざるを得なくなる。イランの革命防衛隊が、米軍にテロ攻撃を行なえば、イラン・米国戦争に発展しかねない。そうなればイランを擁護してロシアが参戦し、某勢力の狙い通り、米露戦争が起こることになる。

ジョンソンの米下院議長就任が追い風となるか

アメリカのトランプ周辺の人々は、バイデン政権や英守旧派の動きに非常に敏感で、第三次世界大戦への道を阻もうとして奮闘している。その追い風になりそうなのが、マイク・ジョンソン共和党議員の米下院議長への就任である。

前の下院議長ケビン・マッカーシーは、２０２２年の中間選挙で共和党が下院の過半数を奪還したことから、２０２３年1月に議長に立候補したものの、フリーダム・コーカス（自由議員連盟）を中心とするトランプ派議員の反対によってなかなか過半数を獲得できず、15回目の投票でやっと妥協が成立して就任した。ところが、9月末の米下院における予算審議が民主党案のウクライナへの追加援助２４０億ドルをめぐって紛糾し、政府閉鎖を回避するギリギリのタイミングでようやく暫定予算が可決・成立した。

しかし、その中にウクライナへの軍事援助がほかの名目でこっそり忍び込まされていたことがわかり、トランプ派のマット・ゲイツ議員から出された解任動議に民主党が賛成して、マッカーシーはアメリカ史上初めて下院議長を解任された。

その後継候補として、共和党からスティーブ・スカリス、ジム・ジョーダン、トム・エマー三氏の名前が浮上した。このうち、ジョーダンはトランプと一心同体のような人物だが、党内の反発で断念。スカリスとエマーは共和党員とはいえ、いわゆるＲＩＮＯ《ライノ》（Republican in Name Only＝リベラルな思想を持つ名ばかりの共和党員）だからトランプ派議員たちが反対。そこでダークホースのマイク・ジョンソンがトランプの推薦で選出されたのである。彼は全くノーマークだったため、敵陣営も不意をつかれたといっ

新たに選ばれたマイク・ジョンソン下院議長。バイデン政権の暴走をどこまで止めるか（写真：AP/アフロ）

たところだろう、意外とすんなり決まってしまった。

　ジョンソンはルイジアナ州選出の51歳。トランプ政権が誕生した２０１６年、トランプ・ブームに乗って初当選を果たした。現在4期目だから、下院議員の中ではまだまだ若手である。彼が強硬に反対しているのは、１０００億ドル、日本円で15兆円という戦争特別予算だ。これはウクライナにさらに６００億ドル、イスラエルに１４０億ドルの軍事支援をするという法案である。

　この巨額の軍事支援は地域戦争を第三次世界大戦にエスカレートさせる恐れがある。そういう予算を通してはいけないと、反対の急先鋒に立っているのがジョンソンだ。これはトランプ氏の意を受けてのものだろう。その意味で、戦争の拡大を防ぎ、第三次世界大戦を食い止めているのは米議会のトランプ派議員たちなのである。その先頭に立っているジョンソンが下院議長に就任したことは、先述したトランプの「Make America Great Again」、通称MAGA《マガ》運動にとって非常に大きな進展であり、久しぶりの朗報と言っていいだろう。

　ウクライナ支援、イスラエル支援の特別軍事予算に対して全くのゼロ回答というわけではなく、審議は行なうとジョンソンは言っているので、どういう妥協が成り立つのか注目されていた。結局、ジョンソンはイスラエル支援軍事予算のみを切り離して成立させ、ウクライナ軍事支援はストップしている。賢明な判断だ。イスラエルの兵器庫は、ウクライナ支援のために空っぽに近かったのである。

　下院議長には大きな権限があり、どの法案をどういう順番で審議するか、各委員会にどういう人間を配置するかまで、すべてを決めることができる。だから敵陣営から買収されてしまうことも絶対ないとは言いきれないが、これでウクライナ戦争拡大のための予算を米下院議会でストップできる体制になったことは確かである。

　ジョンソンが下院議長に選ばれた10月25日、トランプはSNSに「マイクとともに下院議会が成果を出してくれることを期待する」という趣旨の投稿をしている。ジョンソンがトランプとともに、バイデン政権の戦争煽動トリオの盾となってくれることを期待しよう。

2章

アメリカを破壊したい勢力

チャイナにすり寄るバイデン大統領

バイデン大統領がどういう人物かは、彼が故郷デラウェア州（生まれはペンシルベニア）の上院議員を長く務めていたことによって推し量ることができる。デラウェアという小さな州は、実はタックスヘイブンなのである。税金が必ずしも安いわけではないが、所有者がわからない法人でも登記できるという非常に特殊な州だ。

法人の持ち主が誰かを調べようとしても、代理人、あるいは代理人の弁護士の名前しか出てこない。デラウェア州では、真の所有者、受益者が誰かわからない法人、財団、会社が登記でき、所有者を秘匿する権利が法律で守られている。この秘匿性のことを、専門用語ではPrivacy Jurisdiction（プライバシー・ジュリスディクション＝守秘法域）と称している。これもタックスヘイブンの特徴である。アメリカではワイオミング州も同様で、ヨーロッパではリヒテンシュタイン公国も同じである。これらの地域は会社の登記費用だけで十分に儲けることができる。

さらにデラウェア州には、もともと企業に有利な会社法がある。企業への訴訟は会社が登記してある場所で起こされるので、企業とすれば、デラウェアを本拠地にすれば有利な判決が出やすい。だから素性のはっきりしている会社もデラウェアに集まってくる。それがデラウェアの貴重な財源になっているのだ。バイデンが長年そのデラウェア州選出の連邦上院議員だったとなれば、無国籍グローバリスト企業の操り人形として働いていることにも納得がいく。

実は極左のオバマ大統領の後継はヒラリー・クリントンのはずだった。ところが、2016年、民主的ナショナリストのトランプにまさかの敗北を喫してしまい、2020年の米大統領選挙には、当時78歳という高齢のバイデンが立つことになった。このことは、**民主党が表向きは労働者の党を自称していながら、内実は無国籍グローバリスト企業に乗っ取られていることを如実に物語っている。**

そうでなければバイデンのような人間がトップになれるわけがない。他にもっと若くて元気のいい大統領候補はいたはずだ。彼がオバマ政権の副大統領だったのは、極左のオバマを抑えるため、無国籍グローバリスト企業がホワイトハウスに送り込んだからである。

だからヒラリーがダメなら、次はもっと若い世代が担《かつ》がれるかと思いきや、バイデンが送り出されたということは、彼に対するグローバリズム勢力の信頼がいかに厚いかということにほかならない。もっとも、すでにだいぶ認知症が進行しているようなので、そろそろお役御免ということになりそうだが。

そもそも民主党は、かつては労働組合などが支援する左の党だった。だから、米大統領選挙でも、大企業から潤沢な政治献金を受ける共和党候補に比べ、民主党候補は常に不利な状況にあった。ところが近年、事情はすっかり変わった。ヒラリー・クリントンとトランプが対決した2016年の米大統領選でも、2020年のトランプ対バイデンの時も、集めた政治資金は共和党のトランプより、ヒラリーとバイデンのほうがずっと多かったのだ。

労働組合は民主党支持、大企業は共和党支持という図式は根底から崩れた。国家を無用のものとする無国籍大企業が民主党を応援し、アメリカという国家を内部から崩壊させようとしている。逆に、かつては9割が民主党に投票すると言われていた黒人やヒスパニックがトランプ派にどんどん転向している。

バイデンが国境を破壊し、不法移民がアメリカにドッと入ってきた。困っているのは、ヒスパニックや黒人ら、そして一般のアメリカの労働者だ。額に汗して働いているマイノリティは、共和党のトランプ派に転向してきている。2020年の米大統領選では、バイデン陣営はトランプには勝てないとわかっていたから、大規模な不正選挙を行なわざるを得なかったのである。

習近平の敵はグローバリスト

さて、一方の独裁的ナショナリズムの代表、チャイナの習近平は、序章で述べたように、共産党の崩壊を恐れ、鎖国路線、社会主義回帰路線に方向転換した。以前は習近平もダボス会議に招かれ、リモートとはいえ演説をしたこともあったが、党内の権力闘争を進めていく中で、チャイナのグローバリストたちを徹底排除した。江沢民・胡錦濤《こきんとう》の時代に財を成した者の多くは、米ウォールストリートや英シティと深いつながりがある連中だった。日本円にして1兆円の賄賂資産があったと言われる周永康《しゅうえいこう》をはじめとする連中の腐敗を摘発、贈収賄や汚職の罪で全員を牢獄送りにし、習近平は自らの権力を伸ばしていった。

習近平の敵はグローバリストである。チャイナがグローバル化しようものなら、無国籍巨大企業に乗っ取られてしまうから、当然である。ところが最近の動きを見ると、敵であるはずのバイデンが習近平にすり寄っているように見える。

もともとバイデンは、昔のチャイナは良かった、江沢民の頃は良かったと懐古していた。大統領選の初期はチャイニーズが悪いのではない、トランプが悪いのだと発言していた。それはそうだろう。息子のハンター・バイデンはチャイナから巨額の賄賂資金を得ていたことが明らかになっている。ハンターは例のデラウェア州の連邦地検から税務調査を受けていることを自ら公表しているが、これもチャイナ及びウクライナなどとの取引に関するものである。

2023年4月にはチャイナのスパイ気球をアメリカが撃墜する事件があった。バイデンは、もしチャイナが台湾を侵略したら米軍が出動すると4回も明言しているにもかかわらず、本音では何とかチャイナとの妥協を望んでおり、ブリンケン国務長官、ジーナ・レモンド商務長官を訪中させ、あるいはサリバン国家安全保障担当補佐官を王毅《おうき》外相に会わせたりして話し合いを進めている。スパイ気球の件で恫喝《どうかつ》でもするのかと思ったら、バイデンは拍子抜けするほど低姿勢なのである。習近平はバイデンの弱点をつかんでいる。

やはり無国籍企業の傀儡《かいらい》だから、アメリカの国益よりもチャイナとの関係改善が優先されるのだろう。加えて、バイデンの息子ハンターが受け取った賄賂のことを洗いざらい暴いてやるぞ、と習近平に脅《おど》されているに違いない。

ロシアのウクライナ侵攻を仕掛けたのは誰か

プーチン・ロシアのウクライナ侵攻をどうとらえるか。そもそもウクライナは、お世辞にも民主国家、法治国家とは言えない、オリガルヒ（新興財閥）が支配する腐敗した国だった。イタリアのマフィアではないが、暴力団のような地下組織が大きな力を持ち、特定の少数の財閥が権力を握る寡頭体制が敷かれていた。「新興財閥」ときれいな言葉に訳されてはいるが、オリガルヒとは、そもそも寡頭制を意味する古代ギリシア語に由来する。そのオリガルヒが密談をし、権力を取り引きしながら支配している国がウクライナなのだ。フリーポート（自由港）などと呼ばれるオデッサも、悪く言えば何が運び込まれ、何が出ていくのかわからない、怪しげな貿易が行なわれているタックスヘイブンの一つである。

ロシアのウクライナ侵攻については、確かに独裁的ナショナリストのプーチンに非がある。その点ではウクライナを支持せざるを得ない。だが、トランプのような民主的ナショナリストに言わせれば、ウクライナという国は無国籍グローバリズムとの因縁浅からぬ国だということになる。それゆえ、ハンター・バイデンはウクライナの企業から巨額の賄賂を受け取っていたのだ。

したがって、トランプとトランプ運動の人々の間では、アメリカの過度なウクライナ援助に批判的である。ウクライナに送られた大量の兵器や武器はどこに行ったのか。中東に横流しされているのではないか。実際にハマスがその兵器を使っているという確かな情報もある。バイデンやマクロン仏大統領、スナク英首相らが積極的にウクライナを支援するのは、ウクライナがタックスヘイブン・ネットワークの一環だからだ。

辞職した英国のジョンソン元首相は、マクロン以上に積極的なタックスヘイブン擁護者だった。2022年2月のロシアのウクライナ侵略後、3月から4月にかけて一時的に休戦の動きがあった時、それに反対して経済的・軍事的支援を約束し、キーウにまで乗り込み、「がんばれゼレンスキー！」と尻を叩き、二、三歩手前までいっていた休戦交渉を妨害して戦争を続けさせたのがジョンソンだった。

それはウクライナがもともとタックスヘイブン国家だったからであり、同時にプーチンを排除するためでもあった。ロシアはタックスヘイブンにもグローバリズムにも反対し、エネルギーの輸出によってヨーロッパをコントロールしようとしていた。ジョンソンやバイデンなどのグローバリストは、ロシアとNATOとの間で新冷戦状態をつくり出し、場合によっては熱戦状態、つまり第三次世界大戦を仕掛けていたのだ。戦争になれば軍需産業が潤《うるお》うだけでなく、タックスヘイブン規制がやりにくくなる。

国際経済が混乱するので、税務調査が困難になり、また戦争に勝つためには、タックスヘイブンのような裏経済を利用しなければならない側面も出てくるのだ。実際、米ソ冷戦の時代にタックスヘイブンは中立地帯として非常に栄えた。だから、米ソ冷戦に代わるNATOとロシアの冷戦状態をつくり出し、「夢よ、もう一度」というわけである。

一方、トランプはロシアと通常の関係を保ちたいと考えていた。ロシアには平和な現状の体制の中の一国であってほしい。習近平に対しても同じだ。国際的なルールを守らせ、軍事紛争は避けたいと考えていた。

ところが、英守旧派は、世界が平和だとタックスヘイブンが規制されるから、風前の灯であるタックスヘイブンを救うために戦争を起こすことによって、冷戦時代のように漁夫の利を得たい。うまく米露第三次世界大戦が起きれば、米露両国は共倒れとなり、大国・英国が復活する。だから、ジョンソンは、プーチンにウクライナを侵略させるべく必死に扇動してきたのだ。

一番の焦点はノルドストリームだった。バルト海を通ってロシアからドイツに至る海底パイプラインであるノルドストリームによって、ロシアは天然ガスを液化することなく、ドイツ経由でヨーロッパ各国に送ることができる。ノルドストリーム2の完成で、ガス輸送量がさらに飛躍的に増えると、ヨーロッパとロシアは経済的に一体化する必然性が生じる。これはグローバリスト＝タックスヘイブン勢力には看過できない問題だ。

タックスヘイブン勢力には原発推進派が多い。彼らからすると、ロシアの安価な天然ガスが大量に入ってくれば、ヨーロッパの原発はアウトである。原子力事業から撤退しなければならなくなる。そうなると、原発依存度の高いフランスなどは大いに困ることになる。

そこで、米バイデン政権や英政府はさまざまな手段でノルドストリームの稼働を妨害してきた。ウクライナ東部にはロシア系住民がおり、彼らがウクライナの右派にいじめられていたのも事実である。さらにウクライナのNATO加盟の可能性も出てきたことで、プーチンの堪忍袋の緒が切れたのだ。プーチンにしてみれば、ウクライナ侵攻を煽ったのは誰だと言いたくなるだろう。そう見てくると、「中露の独裁ナショナリズム」対「無国籍企業的グローバリズム」という対立関係が浮き彫りになってくる。だから、トランプはウクライナ支援に積極的ではないのだ。トランプは即時停戦派である。

中露が中心になり、北朝鮮やキューバ、イランやシリアといった、国際的に爪弾《つまはじ》きされている国々が一つの経済圏をつくっていくことになりそうだ。

2024年、トランプに勝てる民主党候補はいるか

2024年11月5日にアメリカ大統領選挙が控えている。トランプが再選を果たすか、民主党候補が勝つかで、世界の様相は大きく変わるだろう。いや、その結果が世界の命運を握っていると言っても過言ではない。

2023年12月現在、共和党内ではトランプが他の候補に対して圧倒的にリードしている。一方の民主党内では、バイデンではトランプに勝てない、バイデン以外の候補を出さなければならないというバイデン降ろしの動きが、キングメーカーたちからはっきり出てきている。

アメリカのリベラル・エスタブリッシュメントの中枢的な新聞『ワシントン・ポスト』とABCテレビが2023年9月24日に共同で行なった世論調査の結果を見ると、2024年の米大統領選支持率はトランプ52%、バイデン42%。5月の調査では、トランプ49%、バイデンが43%で6ポイント差だったのが、10ポイントに広がったことになる。バイデン陣営にはショッキングな数字だろうが、トランプ支持者も喜んでばかりはいられない。この数字には少々意図的なものを感じる。そこには「バイデンでは勝てない」ということを、民主党支持者のコンセンサスにしていこうという意図が働いているのではないか。

息子のハンター・バイデンが拳銃不法所持など3件の罪状で起訴されたが、マネーロンダリングや収賄といったより重大な疑惑に関しては不起訴のままだ。それでも、息子の不祥事は選挙戦に不利であることは間違いない。

決定的だったのは、リベラルの代表的な論客で、バイデンの圧倒的支持者だった『ワシントン・ポスト』のコラムニスト、デイビッド・イグナチウスが9月12日、「バイデンは2024年の選挙に出馬すべきではない」というタイトルのコラムを発表したことだ。

「バイデンはこれまでよくやってきた。ロシアを非難しながらも、アメリカを戦争に巻き込まず、外交政策でバランス感覚を示した。トランプの再選を防いだのは素晴らしい業績だった。しかしこのままトランプの再選を許してしまうと、彼の最大の業績を自ら否定することになる。潔く身を引いた方がいい」とイグナチウスは書いている。

ハンター・バイデンのスキャンダルに関しては「知らなかったのは事実だろうし、親としての責任は免れないとしても、国益を損ねるようなことはしていない」と弁護してはいるものの、身内のメディアからはっきりと反対の声が上がったことは大きい。リベラル・エスタブリッシュメントのキングメーカーたちがバイデンを引きずり降ろし、新たな候補を担ごうとしていることが明らかになったのである。

ところが、政権の周囲にはこれといった人材が見当たらない。カマラ・ハリス副大統領にもう少し存在感があればともかく、評判が悪く、能力も人望もない。イグナチウスは、副大統領候補としてロサンゼルス市長のカレン・バスと商務長官のジーナ・レモンドの二人の名前を挙げているが、バイデンに代わる人物については口を閉ざしている。

唯一バイデンに勝てるのは……

そこで注目すべきなのは、米ニュースサイト「センタースクエア」が8月に行なった「民主党予備選挙でバイデンに勝てるのは誰か」という世論調査である。これは明らかにリベラル陣営が仕掛けたものという印象が強い。人気者ロバート・ケネディ・ジュニアの名前は初めから外され、ヒラリー・クリントンでもダメ、ピート・ブティジェッジ運輸長官、カリフォルニアのギャビン・ニューサム州知事、カマラ・ハリス副大統領もダメだという。

では、**予備選で唯一バイデンに勝てるのは誰か。それはオバマ元大統領夫人、ミシェル・オバマだと結論づけているのだ。**ミシェルが参戦すれば、民主党有権者からの支持は48％と、バイデンの36％を上回るというのである。

2024年米大統領選、民主党の本命はミシェル・オバマ？（後ろはバラク・オバマ元大統領）／（写真：AP/アフロ）

トランプに対抗できる全国的な有名人といえば彼女しかいない。ミシェル・オバマを大統領候補として盛り上げようという民主党キングメーカーたちの思惑が透けて見える〝世論調査〟だ。彼女を担いで盛り上げていこうという筋書きである。

政治家としての能力はどうか、大統領に相応しいかどうかはこの際、関係がない。黒人女性初の大統領、夫婦で初の大統領という一時的なブームで選挙戦を乗り切ってしまおうというのだろう。

とはいえ、彼女が政治に無関心というわけではない。**ミシェル・オバマは**

若い頃から左翼過激思想に染まり、夫のバラク・オバマよりさらに左で、マルクス・レーニン主義的な革命思想の持ち主だ。２０１８年に自伝『Becoming（ビカミング）』（邦題『マイ・ストーリー』集英社）を出版し、各地で本のサイン会を開きながら全国行脚《あんぎゃ》を行なうとともに、ほとんどすべての人気ＴＶトークショーに出演。ネットフリックスで『ビカミング』がドキュメンタリー映画化され、「貧しい黒人労働者階級から才能と努力で今日の地位を勝ち取った」という美化された虚偽のストーリーを国民に浸透させてきた。「大統領選挙に出る」とは一言も口にしないまま、大統領候補としての基盤を固めている。彼女はファーストネームの「ミシェル」だけで通用する超有名人、セレブになっているのだ。

共和党のＭＡＧＡ運動家の中には彼女に対する警戒感があるが、人によって意見が分かれる。ミシェルは派手な生活が好きで遊び好きだ。大統領なんかになったら自由は奪われ、窮屈なうえに好きなこともできない。大統領夫人として名誉はもう十分手に入れたし、毎晩パーティーで楽しく虚飾のセレブ生活を送り、面白おかしく生きていたいはずだ。だから、立候補は辞退するのではないか、と言う人たちもいる。

しかし、バラク・オバマがもう一度実質的な大統領になると考えて、実務は夫に任せ、ミシェルは単なるお飾りということであれば、彼女もイエスと言うかもしれない。そう考える人たちもいる。

2024年の米大統領選で、民主党はまた2020年のような大掛かりな不正選挙をやるつもりでいる。だから、はっきり言えば、それらしい人物であれば候補者は誰でもいい。カリフォルニアのニューサム州知事あたりを連れてきて、それに黒人女性の副大統領候補をセットにすれば、得票操作でどうにでもなると思っているはずだ。

それでも、ミシェル・オバマという民主党大統領候補の秘密兵器、実は大本命がいることは十分に警戒しておいたほうがいい。

黒い肌をした「赤い貴族」ミシェル・オバマ

では、ミシェル・オバマとは、どんな人物なのか。

ミシェルは黒人としては非常に恵まれた環境で育った。彼女自身のイメージ・プロモーション映画『サウスサイド・ガール』で、自らを「(シカゴの)サウスサイドの貧民街からセレブに昇り詰めたシンデレラ」として描いているが、これは大嘘だ。両親はシカゴの中流階級の居住区パークウェイ・ガーデンズに住み、ミシェルはサウスサイドの下層階級の子供が通う学校へは行っていない。父親は黒人ながら民主党のエスタブリッシュメントの一員で、シカゴ市水道局に籍を置き、住民の家族構成や個人情報を収集しながら、民主党の票集めの責任者として働いていた。ちなみにシカゴは、1919年にアメリカ共産党が誕生した土地でもある。

ミシェルは白人中産階級向けのエリート校に入り、「黒い貴族」として育った。と同時に「赤い貴族」でもあった。共産主義に心酔してマルクス・レーニン主義者となり、プリンストン大学在学中は「黒人統一戦線」と「第三世界センター」という二つの左翼過激派グループで活動した。ハーバード大学ロースクール卒業後、シカゴに戻って左翼系の法律事務所に勤務し、そこでバラク・オバマと出会い結婚した。

シカゴにはかつてサウル・デビッド・アリンスキー（1909―1972）というマルクス主義革命家がいた。彼こそ現在の米民主党に最も大きな影響を与えた人物の一人である。ヒラリー・クリントンはウェルズレー大学の卒業論文で、アリンスキーの「文化的マルクス主義」を取り上げた。また、アリンスキーが設立した組織で左翼革命運動の組織化を学び、コミュニティ・オーガナイザーとなったのがバラク・オバマである。彼は「これほど実践的な勉強をしたことはない。これまで受けた中で最高の教育だった」とアリンスキーの革命理論を高く評価している。

オバマが大統領時代、「オバマケア」と称する国民皆健康保険の実現に熱心だったのも、アリンスキーの「人をコントロールする最も有効な手段は医療をコントロールすることである」という言葉を実践したためだった。医療を政治的にコントロールすることにより、勤労大衆の大部分を支配できるという考え方である。一見、国民への手厚い医療政策にも実は底意があり、周到な計略が隠されていたのだ。

アリンスキーの革命モデルは、1930年代に始まったフランクフルト学派の社会心理学を応用したものだ。アメリカのような豊かな社会では、労働者のほとんどが中産階級化しているから、マルクスが言ったように貧しいプロレタリアを組織し、暴力革命によって社会主義政権を打ち立てることは不可能だ。そうフランクフルト学派は考えた。先進国の高度な資本主義社会で革命を起こすには、時間をかけてコミュニティから徐々に社会を変貌させていくしかない。それにはまず、フランクフルト学派の言うように、家庭を破壊することだとアリンスキーは教えた。

家庭とは保守的な思想や愛国心を育《はぐく》み、後世に伝えていく場である。伝統的な宗教的価値、男らしさ、女らしさ、家族、隣人、故郷、そして国を愛する心が涵養《かんよう》されていく。そういう価値観を破壊することが革命につながるというのがフランクフルト学派の考え方だ。

家庭や両親という心の拠りどころから子供を引き離し、伝統的価値観を否定する学校教育を施《ほどこ》して共産主義思想に洗脳するのである。好都合なことに、アメリカにはひどい黒人差別があった。これを最大限に利用し、人種差別とLGBTQ問題を利用して、あらゆる差別構造を否定するべきだ、という主張を徐々に社会に浸透させていく。そうして宗教や家庭、コミュニティという文化と伝統を破壊していく。それがアリンスキー式の「文化的マルクス主義」の革命理論だ。シカゴ出身のラーム・エマニュエル駐日米国大使が自民党に「LGBT法案」可決を迫ったのも、アリンスキー式の伝統的文化破壊を日本に持ち込もうとするバイデン政権の方針のゆえである（実際に法案は可決された）。

問題は、共産主義者と名乗らない、こうした「隠れ共産主義者たち」である。アメリカに共産主義革命を起こすことを公言し、宗教と家庭を破壊すると宣言したら、多くの有権者はその危険性に気がつき、潮が引くように去っていくだろう。

有権者に対して素顔を隠したまま、神輿《みこし》を担がれ、ブームに乗ってミシェル・オバマが大統領に当選するようなことになったら、オバマ・チームが戻ってきて、「人種差別をなくす。性差別をなくす。誰もが平等で自由な社会をつくる」と言いながら、社会秩序を破壊していくことになるだろう。陽気な進歩主義者の仮面をかぶった共産主義者たちが勝利すれば、クリントン政権8年、オバマ政権8年、バイデン政権4年で準備した基盤の上に、民主国家アメリカに対する最終的な破壊工作が完了する。

今にして思えば、オバマが唱えた「チェンジ」とは、アメリカの建国理念を根本的に裏切り、アメリカの共産主義化を進めることだったのだ。人種問題を激化させ、国民を分断し、憎悪をコントロールすることによって革命を達成しようと言うのである。シカゴの過激な左翼運動のモデルを全米化し、アメリカを共産化する。それがオバマの「チェンジ」の意味だったのである。

ロバート・ケネディ・ジュニアの立候補は吉と出るか凶と出るか

先述したが、ロバート・ケネディ・ジュニア（ＲＫＪ）が２０２４年の米大統領選に無所属での立候補を表明したことが、どういう効果をもたらすか。これについては未知数な点が多い。しかし、最近の動きを見ていると、どうもトランプ陣営に不利に働くのではないかと予測できる。ＲＫＪが立候補を表明した時には、むしろ民主党票が割れてトランプ陣営に有利になるのではないかと言われていたのだが。

当初はあくまで民主党の予備選でバイデンに勝ち、大統領への道を目指そうとしていた。ＲＫＪは、グローバリズムをよしとせず、かつての古き良き民主党に戻ろうというのが彼の主張だったから、民主党候補の指名を得られず、民主党から完全に排除され、結局、無所属で立候補することになった。

彼は１９６３年に暗殺されたジョン・Ｆ・ケネディ大統領の甥にあたる。父親のロバート・ケネディ司法長官も次期大統領確実と言われた超人気政治家だったが、１９６８年、カリフォルニア州の予備選で勝利した直後に暗殺された。悲劇のファミリーと呼ばれたケネディ家の一員であるＲＫＪは政治家の道を選ばず、弁護士として活躍してきた。環境問題、とくにビッグファーマと呼ばれる巨大製薬会社の薬害やワクチン被害問題で、地味ながらも熱心に闘ってきた人物だ。

彼の思いというものが私にはよくわかる気がする。というのは昔、伯父のジョンと父ロバートが頑張っていた時代の民主党は国民のための政党だった。額に汗して働く労働者たちの利益を代表するのが民主党だった。巨大企業の横暴と闘い、黒人の人権運動を推し進め、アメリカという国を良くするために働くのが民主党だったはずだ。

それが今や、巨大企業の利益のために働き、極左のＢＬＭやＡＮＴＩＦＡ《アンティファ》のようなアメリカ社会を破壊するテロ集団を支援する党になり下がってしまった。彼は、古き良き民主党を取り戻したいのだ。高卒の工場労働者であっても真面目に働きさえすれば自分の家が持てる。何人かの子供を大学に入れ、親以上のキャリアを積ませることもできる。このアメリカンドリームを取り戻したい。それがＲＫＪの思いである。

その点においては、トランプ支持者との共通項は多い。環境問題にとらわれている嫌いはあるが、ビッグファーマ（巨大製薬会社）の利権問題を追及し、とくに、世界で猛威をふるった武漢発のコロナウイルス（ＣＯＶＩＤ19）用ワクチンの有効性と副作用の客観的検証を求める姿勢には、トランプ派の人たちも大いに共感するところがある。民主党を分裂させる候補という意味でも、ＲＫＪに期待するところは大だった。

ところが、民主党のエスタブリッシュメントは彼の人気が面白くないのか、予備選挙にも出させてくれない。それだけでなく、民主党の予備選挙はニューハンプシャー州から始まるのが恒例だが、民主党全国委員会は、バイデンに有利なサウスカロライナ州から始めることにした。2020年の民主党予備選挙で、バイデンは痛い目にあっている。初戦のアイオワ州でも、続くニューハンプシャー州でも3位以内にすら入れず、敗退濃厚と言われながら、4戦目のサウスカロライナ州でようやく勝てたからだ。黒人の組織票がうまくバイデンに流れたのである。

そうやってバイデンに肩入れしている民主党エスタブリッシュメントのキングメーカーたちは、国民的人気のあるRKJを何とか排除したいので、予備選の第一番目の州をバイデンに有利なサウスカロライナ州に変えたのだ。

2023年10月6日、RKJはしかたなく民主党を諦め、独立候補として米大統領選に出馬すると宣言した。これは、やむを得ないことだったのかもしれないが、そのあたりから少々風向きが変わってきた。共和党のエスタブリッシュメントが、共和党を分裂させるコマとして、RKJを使おうと思いついたのである。

アメリカにCPAC（The Conservative Political Action Conference：保守政治活動協議会）という保守派の政治イベントがある。主催者は共和党最大の支持母体であるACU（American Conservative Union：アメリカ保守連合）だが、ここにRKJが呼ばれてお披露目をしたのだ。彼はリベラルであって保守派ではない。なぜ、こんなことになったのか。

ＡＣＵ（アメリカ保守連合）という組織の最大のスポンサーはコーク財団である。コーク財団は、共和党の後ろ盾のスポンサーである。たとえば反オバマのティーパーティー運動など、保守運動に莫大な資金を提供している。ところが、このコーク財団は保守主義とはいえ、政府は小さければ小さいほうがいい、税金は払わないに越したことはないという思想を持っている。「国境をオープンにして不法移民が入ってくると、低賃金労働者が増えるからかえって都合がいい」という考え方なのである。治安が悪化するという反論にも耳を貸さない。彼らはガードマンの検問所のあるゲートやフェンスに囲まれた高級住宅街に住んでいる大富豪だから、安全である。一般の庶民の生活環境が悪化しようと知ったことではない。アナーキーな社会になったとしても、マーケットさえあればいい。

こうなるともはや保守ではなく、無国籍グローバル企業と同じ穴のムジナとしか言いようがない。

コーク財団から資金提供を受けているＡＣＵは、トランプ支持者の牙城《がじょう》だった。コーク財団は本音ではトランプ嫌いだが、その人気を利用するために、ここまでは何も言わなかった。そのACUがCPACにロバート・ケネディ・ジュニアを招いたということはどういう意味を持つのか。RKJへの投票を呼びかけて保守系の支持者を分裂させ、トランプ支持で一本化させないということだ。コーク財団の資金を使って、ACUが民主党に有利な戦略をとり始めたと考えられる。

少し前まではMAGA運動の支持者たちも、民主党に反旗を翻《ひるがえ》したRKJに対してとても好意的で、民主党の予備選で負けたら、トランプ政権で副大統領にしてもいいのではないか、あるいは、巨大製薬会社の特殊利権と闘ってきたのだから厚生長官に任命して辣腕《らつわん》を振るってもらったらどうか、という声もあったほどだ。

しかし、このところ、トランプ陣営のRKJに対する評価は急落している。彼は保守票を分裂させるためのエージェントとして利用されているのではないかということだ。RKJが今後どうするのかはまだはっきりしない。このままACUの敷いたレールに乗ってしまうのか。そうではなく、二大政党に次ぐ第三の党、小さな政府を志向するリバタリアン党から出馬するのか。いずれにしろ、このままではトランプ票を割る役割を果たす危険性があることは否めない。

悪しき環境主義と平等主義で弱体化する米軍

仮面共産主義者たちの手によって、アメリカ社会全般はもちろん、米軍まで弱体化している。強い軍隊をつくることよりも、気候温暖化やＬＧＢＴＱ対策のほうがバイデン政権にとっては重要なのだ。

米国防総省はバイデン政権の温室効果ガス削減の方針に従って、軍の非戦闘用車両は電気自動車（ＥＶ）に、戦術車両はハイブリッド化をめざすと発表した。米陸軍は、世界的な気候変動に対処するため、軍用車両の電動化や太陽光発電の導入などを盛り込んだ気候戦略を明らかにし、２０３０年までに温室効果ガスの排出量を２００５年比で50％削減、２０５０年までにゼロにすることを目標としている。

ディーゼルエンジンもガソリンエンジンも使わないで陸軍の車両が動くのだろうか。ジープや戦車が電気や太陽光で走るのか。戦艦や空母が電気モーターで航海できるのか。少なくともジェット戦闘機を電気で飛ばすのは無理だろう。ガソリン自動車なら災害時に動き回ることもできる。だが、ＥＶは停電したら使い物にならない。そういうバカなことを、バイデン政権下の国防省はやろうとしているのだ。

共和党のトミー・タバービル上院議員が、連邦議会上院で米軍の高級将校人事の承認をすべてストップさせている。軍のトップの人事には上院の軍事委員会の承認が必要なのだが、タバービルは「女性兵士への支援」をめぐって人事案承認を拒否しているのだ。

米軍の女性兵士が、人工妊娠中絶を合法とする州で中絶したいと申し出た場合、彼女には国防総省から休暇と旅費が支給される。中絶の合憲性を認めない連邦最高裁判決があるにもかかわらず、個人で行なうならともかく、国民の税金を使ってまで、軍が人工中絶を支援するのは行き過ぎた女性支援策ではないか、というのがタバービルの主張だ。彼はトランプと考え方を同じくする人物で、共和党の良心的な議員は誰もが彼の意見に同調している。

これに対して国防総省は支援策撤回を拒否。そのため、600人以上の人事が滞り、陸軍・海軍・海兵隊3軍のトップが空席のまま、代理が任務を引き継いでいる。普通なら軍の活動を妨害するのかと共和党に批判が集まりそうなものだが、むしろ民主党が政権与党の責任を問われている。これも、世界最強の米軍を弱体化させているバイデン政権に対する国民の不信感の表れだろう。

米軍が世界最強でなければ世界の平和は保てない。米軍が弱体化して喜ぶのはロシアやチャイナの独裁的ナショナリズム陣営だ。このまま隠れ共産主義政権の存続を許していては、日本の国防・安全保障も危うくなる。日本が核兵器を持ち、堅固な防衛力を保持しているのならいいが、現在の我が国の体制はそうではない。憲法9条の改正もできず、安倍晋三元首相暗殺後の自民党は左翼政党になってしまった。せめて米政権には強いアメリカ軍を維持してもらわなければならない。

先述したように、トランプは世論調査ではバイデンをリードしており、もちろん、共和党の他の予備選候補者をも圧倒的に引き離している。だが、安心はできない。票数さえ正確に集計されていればトランプ圧勝に終わっていたはずの2020年の米大統領不正選挙が再現されたら、民主党の候補を何千万票上回って獲得しても勝利はおぼつかない。

民主党の不正を打ち砕くのは共和党全国委員会（RNC）の仕事である。大統領候補は、RNCが開く党大会で選ばれるから、共和党の全国組織のトップは大統領ではなく、RNC委員長だ。民主党でも共和党でも、州ごとにバラバラな党組織を連合体で緩やかにつなげているのが全国委員会で、その中心にいるのが、共和党ではＲＮＣ委員長である。

現在、委員長を務めているのはロナ・マクダニエルという女性だ。彼女は２０２０年の悲劇を繰り返さないよう、不正選挙根絶に全力を傾注すべきであるにもかかわらず、まったく何もやっていない。ＲＮＣは組織としてサボタージュを続けている。

それどころか、トランプを除くマイナー候補の討論会を何度も実施し、トランプ以外の共和党候補を押し立てようとむなしい努力を続けている。２０２４年米大統領選挙から不正を一掃しようと必死で努力しているのはＭＡＧＡ運動の人々だけというのが現状だ。ロナ・マクダニエルは、かつての米共和党大統領候補ミット・ロムニー上院議員の姪である。億万長者の娘で、典型的なＲＩＮＯ（名前だけの共和党員）だ。

ミシェル・オバマ、ロバート・ケネディ・ジュニアの動向もさることながら、不正選挙の再現だけは避けなければならない。**万が一、トランプの再選が不正に阻止され、あるいは暗殺されるようなことにでもなれば、世界の自由民主国家が次々と崩壊することも考えられる。**民主的ナショナリストは弾圧され、無国籍グローバリストが支配する世界だ。あるいは、ロシアやチャイナのような、言論の自由をいっさい認めない権威主義国家が世界を支配することになるかもしれない。

我々は自主的な防衛力を拡張し、さらに諸外国の民主的ナショナリスト勢力との連帯を強化してゆかねばならない。

3章

手を結ぶ独裁者、習近平とプーチンの行く末

ウクライナ支援から手を引く欧米諸国

ロシアのウクライナ侵攻から1年9カ月以上が経過した2023年11月現在、ウクライナは戦争の継続が難しい状況に追い込まれている。欧米にも巨額なウクライナ支援への慎重論が高まってきているためだ。とくにアメリカでは、下院で辛うじて過半数を占める共和党がウクライナ支援に慎重な姿勢を見せている。

2023年9月末の米下院における予算審議では、民主党案のウクライナへの追加援助240億ドル（ウクライナの国家予算の3分の2に当たる）に共和党が反対して紛糾し、結局、政府機関閉鎖を回避するギリギリのタイミングで、追加援助を含まない「つなぎ予算」が可決・成立した。ところが、その予算の中に項目を変えてウクライナへの軍事援助が含まれているという理由で、トランプ前大統領の盟友マット・ゲイツ下院議員がケビン・マッカーシー下院議長（共和党）の解任動議を議会に提出した。これを民主党が支持し、共和党から8人の造反者が出て、大方の予想に反して可決されてしまった。マッカーシー議長は解任され、これによってウクライナ支援は不透明の

【地図で見るウクライナ侵攻】
※2023年11月30日

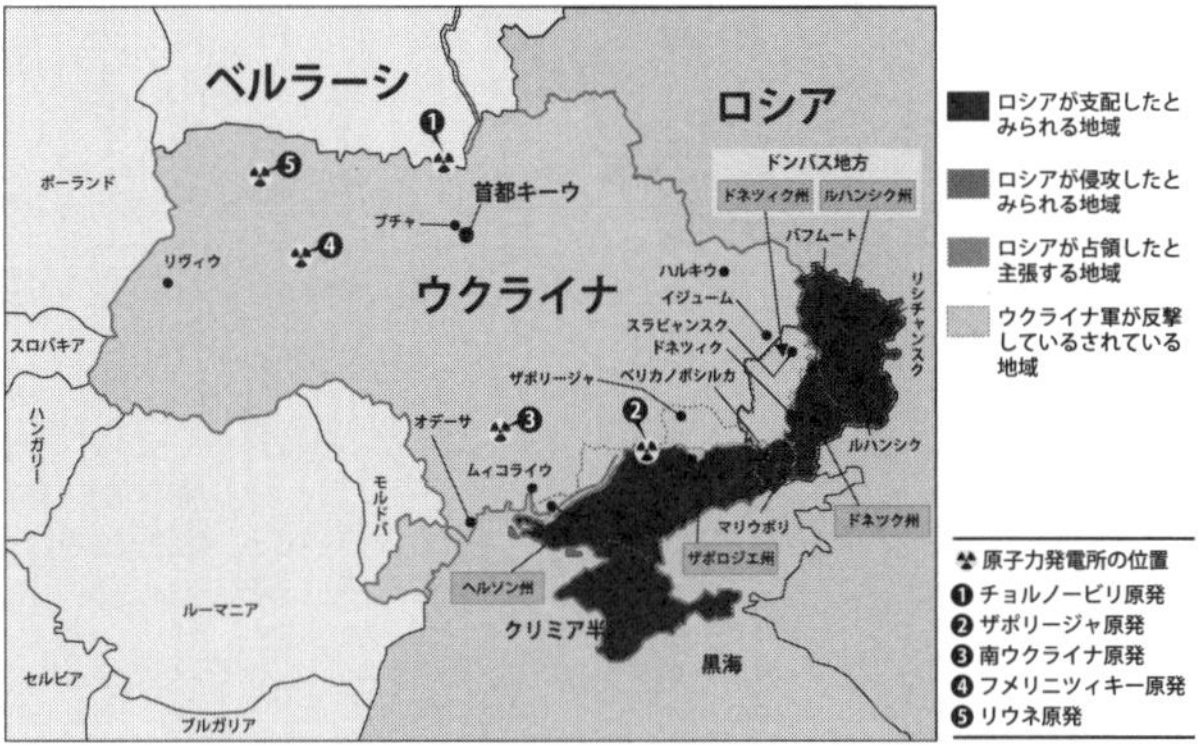

まま棚上げされることになった（後任人事のジョンソンについては、1章で詳述した）。

共和党がウクライナ支援に反対するには、それなりの理由がある。前述したように、ウクライナはそれほど立派な民主国家というわけではない。兵器援助もいいが、それが地下組織を通じて中東や他国に横流しされ、ウクライナの政治家やオリガルヒ（新興財閥）が私腹を肥やしているという情報もある。援助兵器はハマスの手にまでわたっているとも言われている。アメリカ経済を圧迫してまで無制限に支援する必要があるのかということだ。

自国の南部国境すら守れないバイデン政権が巨額の対ウクライナ軍事援助を行なうのはナンセンスだ。そう批判する共和党議員も少なからずいる。

軍関連でも不正が明らかになっている。2023年8月、ゼレンスキー大統領は徴兵の責任者である各州の軍事委員会のトップをすべて解任した。賄賂を受け取って徴兵逃れの手配をしたというのがその理由だ。

9月にはオレクシー・レズニコウ国防大臣が、続いて国防次官6名、それに文官の事務次官1名の計7人が全員解任された。国防省では兵士の食料や装備品、物資の調達を巡って業者にキックバック（環流）を要求するなど、不正や汚職疑惑が相次いで発覚したからだ。

これでは前線の兵士はとてもではないがやっていられない。自分たちは命がけで戦っているのに、弾丸の飛んでこない安全な場所で官僚が賄賂を取って儲けているのでは、戦意も失せる。

それらの不正や不祥事が国際的に明らかになるにつれ、欧米のウクライナ支援に対する熱が冷めつつある。華々しい戦果がなかなか上げられないこともあって、ヨーロッパの国々では「支援疲れ」が見え始めた。さらに最近では穀物輸出をめぐり、ウクライナと周辺国の対立が起こっている。ロシアが黒海をほぼ全面的に押さえてしまったため、ウクライナは穀物輸出を陸路に頼らざるを得なくなり、大量の小麦と穀物が中央ヨーロッパに出回ったのだ。

穀物の価格下落を恐れたEUは周辺国へのウクライナ産穀物の輸入を一時的に禁止した。しかし、ハンガリー、スロヴァキア、ポーランドは、ウクライナ産穀物の輸入禁止の継続を決めた。これに対してウクライナがロシア侵攻以来、最大の支援国だったポーランドを批判。ポーランドのマテウシュ・モラヴィエツキ首相は不快感を示し、ウクライナへの新たな武器供与を停止すると表明した。

さらに、英国の銀行は、マネーロンダリングの疑いがあるとの理由で、ウクライナと取引のある企業の口座を閉鎖した。それだけウクライナがタックスヘイブンとしてマネーロンダリングに利用されているということだ。英守旧派もさすがにこの口座閉鎖を阻《はば》むことはできなかった。こうした事態が相次いで、ウクライナとしてはいっそう戦争継続が難しくなっているのである。

一方、ロシアはといえば、石油と天然ガスによる収入はなんとか維持している。西側はウクライナ侵攻への制裁措置として、ロシアのエネルギーは買わないと言ってはみたものの、やはり痩せ我慢には限度がある。ノルドストリームを止めたとはいえ、ヨーロッパは相変わらず液化天然ガスをロシアから買っているし、隣国のアゼルバイジャン産と称してロシアの石油も輸出されている。

ウクライナ侵攻直後は石油も天然ガスも値上がりしたので、むしろロシアの収入は増えたくらいだ。財源的に徐々に苦しくなっているとはいっても、ロシアは今のところ戦争を続けるには支障がない。

反対にウクライナのほうはスタミナ切れで、経済的にも西側の支援に頼るしかない。結局、ロシアの粘り勝ちで、クリミアを併合したまま、ウクライナの東部からクリミア半島に続く海岸線を押さえた形で、やがて休戦ということになるだろう。そして、休戦ラインが事実上、ロシアとウクライナの新しい国境線になるのであろう。

ウクライナ侵攻で経済成長を棒に振ったプーチン

ただ、プーチンがウクライナを甘く見ていたことは否めない。ゼレンスキーなどというコメディアン上がりの大統領など、一喝すれば驚いてキーウから逃げ出すだろう。代わりにロシアの息のかかったウクライナ人を大統領に据えて傀儡《かいらい》政権をつくれば、ウクライナは、もとのロシアの属国に逆戻りだ。戦争は1週間で片がつくだろう、と高《たか》をくくっていた節がある。

しかし、そうはいかなかった。プーチンにとっては大きな誤算だった。2014年3月のクリミア併合のようにはうまくいかなかったのだ。

クリミアは、ロシアのものでもウクライナのものでもない。1954年、スターリンの死後にソ連の最高指導者となったフルシチョフが、ロシア共和国からウクライナ共和国への友好の印として、クリミアを割譲した。ウクライナを喜ばせてやろうという一種の気まぐれかもしれない。これがそもそもの発端だった。フルシチョフはロシア人だが、ウクライナ育ちだった。

2014年にキーウでマイダン革命（尊厳の革命）と呼ばれる市民の暴動が起こり、ロシア寄りだったヴィクトル・ヤヌコーヴィチ政権が崩壊した。ヤヌコーヴィチ大統領はロシアに亡命し、親米のアルセニー・ヤツェニュク政権が誕生した。これは英守旧派と米オバマ政権が画策したクーデターだった。ヴィクトリア・ヌーランド国務次官補が暗躍して暴動を起こさせたのである。これに対抗してプーチンは、クリミアのセバストポリにあるロシアの海軍基地を死守すべくクリミア自治共和国議会を制圧し、クリミア併合に踏み切った。

それまでロシアはセバストポリ海軍基地の使用に関しては、ウクライナ側に借地料を払い、天然ガスの安価な供給も約束し、NATOとも合意のうえで、以後32年借用の約束を取り交わしていたのだ。しかし、クーデターによる親米政権の誕生で、それがご破算になってしまった。だが、地政学上、セバストポリ海軍基地はロシアの国防に不可欠な黒海艦隊の拠点であり、絶対に外国にわたすわけにはいかない。そこでプーチンは強硬手段に出たわけだ。おかげでプーチンは大きな代償を支払うことになってしまった。

それまでのプーチンは西側ともうまく付き合い、独裁的なところはあるが、信頼できる指導者と見られていた。だからこそノルドストリームという世界最長の海底パイプラインをドイツまで敷設し、西側と文字どおり経済的につながることができたのである。

しかし、クリミア侵攻を境に、西側から信用ならない危険人物と見なされ、ロシアは経済制裁を受けることになった。

2000年から2014年まで毎年平均約7％の経済成長を遂げていたロシア経済

ロシアの国家財政におけるエネルギー収入の変化

Source：Russian finance ministry統計を元にCFG作成

ウクライナ侵攻（2022年2月）以降、エネルギー収入は急落したが、再び持ち直しつつある

は以後、成長率がほぼゼロになった。ロシアを豊かにした指導者として国民の大きな支持を得ていたプーチンにとって、ロシアの国益を考えた場合、クリミア侵攻というものが果たして最善の策だったのかどうか。確かにウクライナでクーデターを起こしたのは、英守旧派と米オバマ政権の謀略だった。だが、クリミアを力ずくで奪わなくても、セバストポリの海軍基地は確保できたのではないか。

いざとなったら腕力にモノを言わせるというプーチンの外交は今回のウクライナ侵攻でも失敗した。サプライズアタック（奇襲）で敵の中枢を麻痺《まひ》させ、一気にウクライナを奪い取るはずが持久戦になり、ウクライナ侵攻後のロシア経済はマイナス成長となった。その後、再びなんとかプラス成長とはなったが、クリミア併合前の勢いはない。

確かに、ウクライナ東部のロシア人が弾圧を受けているという事実はあった。しかし、力ずくでウクライナ全土を制圧しようとしたのは間違いであった。

ロシア経済は忍耐の甲斐があって、２０２３年の第2四半期からプラス成長に転じたが、であれば、ウクライナに攻め込んだりせず、協調外交を続けていればより高い経済成長が実現したのは確実だ。長期的に見れば、クリミア併合とウクライナ侵攻は愚策だったと言うべきだろう。

それさえなければロシアはより豊かな国になっており、西側との信頼関係のもと、ウクライナにはＮＡＴＯの基地も置かれず、バッファーゾーン（緩衝地帯）としてロシアにも利用価値のある国になっていたに違いない。

もともとウクライナは地政学的に緩衝国家《バッファーステート》だから、ＮＡＴＯに加盟されては確かにロシアとしては不利になる。だからといって、属国にするという考えも間違いだ。言うことを聞かないからキーウまで攻めていくというのは短兵急に過ぎる。やはりプーチンも20年も政権の座にあると、自らの力を過信するのだろう。同時に、イエスマンに囲まれてプーチンの耳に快い情報しか集まらなければ、いかに元ＫＧＢの凄腕エージェントといえども判断を誤る。ウクライナ侵攻によって、ロシアは恐らく年間数パーセントの経済成長を、少なくとも20年は棒に振ることになった。

利害が一致したライバル

２０１６年の米大統領選挙ではトランプ候補（当時）とロシアとの共謀があったとする、いわゆる「ロシア疑惑」が喧伝《けんでん》されたが、民主党寄りのロバート・モラー特別検察官の徹底捜査でも、完全に無罪であった。さらに、２０２３年5月、ジョン・ダーラム米特別検察官が「ＦＢＩはトランプ氏の政敵の証言に依存し過ぎて具体的な証拠を欠いたまま捜査に乗り出した」と、ＦＢＩに苦言を呈する報告書を公表した。トランプとロシアの間には何の取引もなく、ロシアの支援を受けて勝利したわけでも何でもなかった。ただ、トランプがロシアとは喧嘩したくないというサインを出し続けていたことは確かである。

トランプが２０１６年の米大統領候補者として挙げたアメリカの敵は、第一にＩＳ（イスラム国）だった。これを壊滅させるためには陸上軍を派遣してもいい。

第二にチャイナ。膨大な貿易赤字をアメリカはチャイナに対して抱えていた。一方、チャイナは知的所有権を無視してアメリカの技術を片っ端から盗んでいたのだ。第三にロシアに関しては、ルールさえ守ってもらえばディール（交渉）は可能だと、トランプは言っていた。

実際にトランプは大統領になると直ちにIS掃討作戦を開始して成果を上げ、次いで2017年4月、習近平をフロリダの別荘「マー・ア・ラーゴ」に呼びつけ、米中の貿易不均衡問題を話し合った。トランプ大統領は、100日間の猶予を与えるから、アメリカの対チャイナ貿易赤字を半分にする「100日計画」を実行するよう、習近平に迫った。縮小均衡ではなく、アイオワ州などではトウモロコシもたくさん収穫できるのだから、アメリカの農産物をどんどん買え、とも釘を刺した。習近平は〝イエス〟と言って帰ったが、結局、何もしなかった。

トランプは激怒し、チャイナは約束を守らない国だと見切り、7月のデッドラインを待たずに「報復攻撃」を始めた。米国務省は「2017 人身売買報告書」を発表してチャイナを「最悪の人身売買国」と呼んだ。また、チャイナの国是である「一つの中国」を無視し、台湾に総額14億2000万ドルの武器売却計画を発表。そしてチャイナからの輸入品に関税引き上げを仕掛けた。

チャイナも負けじと関税を引き上げて報復に出たが、トランプはさらに制裁措置を発動。2018年から19年にかけて第1弾、2弾、3弾と関税引き上げを実行し、米中貿易戦争が激化していった。決定的だったのは2018年10月4日、マイク・ペンス副大統領が「米中は対決せざるを得ない」と、新冷戦を宣言するチャイナ批判演説を行なったことだ。

共産党独裁のチャイナは、西側諸国とは異質な国である。ロシアはソ連崩壊後10年ほど自由な時代があった。プーチン独裁に戻ったとはいえ、共産党はすでになくなっている。だが、チャイナの国民は自由な言論空間を一度も経験したことがない。

表向きは外国の資本を受け入れたが、資本主義のいいところだけつまみ食いをし、先進国の技術を盗んで驚異的な経済成長を遂げた。それをいいことに、世界中にチャイナ勢力圏を広げようとしている。習近平の言う「一帯一路」とは、中国共産党帝国主義によって世界をチャイナ植民地で埋め尽くすという意味だ。国家主席に就任間もない2015年、前述したように習近平は早くもハイテク産業覇権を取るという主旨の「メイド・イン・チャイナ2025」を打ち出している。それらをトランプは真っ向から批判したわけだ。その流れは今も続いているが、バイデン政権になってアメリカはだいぶ腰砕けになっている。

江沢民・胡錦濤《こきんとう》の時代にはアメリカ人の多くの政治家・実業家が収賄でずいぶんいい思いをさせてもらった。バイデン・ファミリーもその一つだ。ハンター・バイデンの江沢民派のお友だちは、今や習近平によってほとんどが捕まるか、権力中枢から追い出されてしまった。バイデンとしては、ロシアとは対決姿勢を示す一方で、チャイナとはできれば昔のような蜜月関係を取り戻したいというのが本音だろう。

それはともかく、米中経済摩擦によって、チャイナは国内用の食料とエネルギーを欧米以外の国から調達せざるを得なくなった。一方、ロシアは西側の経済制裁によって輸出が思うにまかせない。そこで、本来ライバルであったはずのチャイナとロシアの需要と供給が、さらに言えば利害が一致することになった。

だから、**ウクライナ戦争で最も「漁夫の利」を得たのはチャイナ**である。逆に、ロシアはかなりの損害を被《こうむ》ることになった。戦争を続けるために、貴重なエネルギー資源と食料をチャイナに買い叩かれ、立場的にもチャイナの川下に立たざるを得なくなった。チャイナは裏面ではロシアを支持しながら、欧米に対しては「和平も仲介しますよ」などと中立のフリをしてみせる。

ロシアはチャイナとともにやっていくしかないのが現状だ。実際、貿易量からしても中露は西側に対して独立した経済圏を構成するまでになっている。

チャイナは、これまでは中東からエネルギーを買う場合は貴重なドルで支払わざるを得なかったが、ロシアとの取引に関しては、ドル建てではなく、自国通貨で決済できる。最近はサウジアラビアやイランとも部分的に人民元で取引できるようになった。チャイナもロシアも、北朝鮮、イラン、シリア、キューバのような反米的な国と関係を深め、人民元による経済圏を広げつつある。しかし、それでもチャイナはドル不足を補うことが難しい。

チャイナはサウジアラビアなどへの輸出の代価は、リヤル（サウジアラビアの通貨）など湾岸諸国の通貨でもらう。リヤルや湾岸通貨はドル・ペッグ（自国の通貨レートをドルと連動させること）だから、すぐにドルに換えられる。こうやってドル不足を補っているのだ。

チャイナにしてみれば「一帯一路」構想も行き詰まり、「メイド・イン・チャイナ2025」はとても実現できそうにない。アメリカが日本やオランダにも声をかけて半導体製造機械のチャイナへの輸出を禁止してしまったため、最先端の半導体をつくろうにもつくれない。だが、この経済圏をさらに広げていけば、最先端のハイテク機器や兵器はできなくとも、ある程度の経済レベルを維持し、サバイバルしていく（生き残る）ことができる。中露両国は確実にこの方向に進みつつある。

世界のメディアの前で権力を誇示

ただし、それが可能かどうかについては、一つ懸念がある。戦争を継続中のプーチンより習近平の立場のほうが危うく見えるからだ。ロシアという国はチャイナと比べれば、まだ報道と言論の自由が、わずかばかりある。反プーチン勢力もいるし、独立系の世論調査機関もある。もっとも、それも度が過ぎると何らかの罪名で拘束されたり、ジャーナリストが変死を遂げたりすることはある。

たとえば、反プーチンの活動家がある朝、散歩中に転んだら、そこにたまたま落ちていたナイフに刺さって死亡する……そのような「事件」が起こる国である。それでも、国民はソ連崩壊後、自由な時代を10年ぐらい経験しているから、共産党批判は一切許されないチャイナとはやはり違う。

そのロシアで世論調査をすると、プーチンの支持率は8割にものぼる。だから、健康上の問題以外でプーチンが失脚することは現在では考えられない。だが、一方の習近平はどうだろうか。

チャイナを現在のような経済大国にした鄧小平《とうしょうへい》は、かつて毛沢東の個人崇拝で国を危うくしたことから、これからは個人ではなく、あくまで中国共産党による集団指導でいくことを厳命した。国家主席の任期は2期10年までと定め、次の指導者として上海市長の江沢民を指名した。江沢民は2期10年を務め、次の胡錦濤も鄧小平が指名して指導者に据えた。

胡錦濤は共産主義青年団の有能なリーダーだったが、実権は持てなかった。江沢民が院政を敷き、間接支配を行なったからだ。胡錦濤が2003年から10年間国家主席を務め、すべての役職から自主的に退いた後を継いだのが習近平である。彼は江沢民派でも共産主義青年団でもない。しかも習近平はそんなに野心もないようだから、長老たちがコントロールできるだろうと考え、派閥争いの妥協の結果として、国家主席に就任したのである。

父親の習仲勲《しゅうちゅうくん》は中国共産党の長老だったが、文化大革命で糾弾されて失脚し、息子の習近平は田舎に「下放《かほう》」され、北京で生まれ育ったお坊ちゃんとしては苦労したと言われている。

しかし、当時の農民や庶民に比べたら大した苦労ではない。いざ中国共産党の総書記と国家主席になると、周囲の評価とは裏腹に権力志向の強い謀略家の顔を露《あら》わにした。王岐山《おうきざん》という自分の先輩を副主席にし、彼を使って「反腐敗闘争」を展開。江沢民派の重鎮・周永康《しゅうえいこう》を石油利権で逮捕したのを手始めに、人民解放軍のナンバーツー・徐才厚《じょさいこう》ら幹部連中を汚職の罪状で次々に摘発、政敵を失脚させていった。

周永康は賄賂で1兆円以上蓄財していたというから、単位が桁違いである。それら腐敗しきった高官を天に代わって成敗するというので、一般庶民も溜飲を下げ、拍手を送った。しかし、それはすべて習近平が政治的ライバルを蹴落とし、自らが権力を握るためだった。それまで権力と利権を一手に握っていた江沢民と、その一派の主だった政治家は権力の中枢から一掃された。

習近平に言わせれば、俺は前の二人と違って鄧小平に指名されたわけじゃない、実力でトップの座を勝ち取ったのだから、鄧小平が決めた2期10年という共産党の内規に従う理由はない、ということだ。中国共産党大会で中央委員会総書記として共産党のトップ、そして、全人代（全国人民代表大会）で国家主席として国のトップとなり、主だった敵をすべて潰し、周囲を習近平派で固めて第3期をスタートさせた。

チャイナには習近平派のほかに以前の主流派だった江沢民派、それから胡錦濤派（団派《だんぱ》）の三つの派閥がある。団派は派閥というより共産主義青年団という優秀な実務家グループである。団派と呼ばれる共産主義青年団のメンバーは親が共産党の幹部というわけではなく、北京大学や清華大学など名門大学出身の若手エリートたちである。かつてのソ連におけるピオネール（共産主義少年団）に相当するが、青年団とはいうものの30代まで参加できる。少なくともかつてはそうだった。筆者も2000年ぐらいに、時の共産主義青年団のトップたちに会った記憶がある。いかにも頭の良さそうな目から鼻に抜けるような秀才タイプが多かった。

習近平自身は、鄧小平や江沢民の子弟と同じく、「紅二代《こう》」と呼ばれる党の高級幹部の子弟、いわゆる「太子党《たいしとう》」である。それに対して親の七光りとは無縁な団派は、自らの力で共産党に入党し、実務家として出世してきた人たちだから、結束力が強いわけではなく、何となく一つの流れを形づくっているにすぎない。しかし、**習近平は2**

022年秋の党大会で、彼らを団結させ、完全に敵に回してしまった。

前総書記・国家主席であり、誰が見ても現在の団派を代表する人物である胡錦濤を辱《はずかし》めるような形で会場から追い出したからである。このシーンはニュース映像として世界中に流れた。衝撃を受けながら観た読者も多いはずだ。

世界各国のカメラが注視している場で、習近平の独裁体制の確立と同時に、抗議するかのようなしぐさを見せた胡錦濤が、衆人環視の中、両側から職員に腕を押さえられて強制的に退場させられた。

このとき、胡錦濤のかつての部下だった団派の李克強《りこくきょう》前首相も、汪洋《おうよう》前政治局員も、その場でフリーズしたように身動きできず、言葉もかけられなかった。他に団派の次世代のリーダーと目されている胡春華《こしゅんか》もいたが同様だった。もしその場で胡錦濤を助けるようなことをしたら反乱分子と見なされ、どんな目にあうかわからない。李克強など完全に体が固まっていた。

これによって団派の人たちはみな反習近平派になってしまった。自分たちが世話になったリーダーに、世界各国のメディアの前で恥をかかせ、自分の権力を誇示《こじ》した習近平への反感を強くした。最近、習近平の周囲では仕事が滞ることが多いと言われるが、これは有能な団派の官僚がサボタージュをしているからであろう。

江沢民派の人間は権力も利権も奪われて、牢獄で亡くなる者もいる。そのくらいひどい目にあっているから、もちろん習近平に対しては恨み骨髄である。習近平は三大派閥のうち二つ（江沢民派・胡錦濤派）を敵に回してしまったわけだ。

二大派閥と戦う裸の王様

2023年10月27日、心臓発作で急死した団派の李克強は、本来なら次のトップになるべき人物であった。彼は従来の国有産業を整理して民営化し、世界市場で競争力のある企業を育て、より効率的なチャイナ経済を目指していた。ところが、習近平はまったく正反対の路線に舵を切った。

習近平は、アメリカとのデカップリングを鮮明にし、西側経済との関係を軽んじて、ロシアや北朝鮮、イランやシリアのような反米国家とのみ通商を行なう方向に向かっている。南米にもベネズエラ、ブラジル、キューバなどの左翼反米政権がある。トウモロコシや大豆はアメリカではなくブラジルから買えばいい。ロシアで調達できない食料も安く大量に輸入できる。ブラジルは鉄鉱石や、その他の資源輸出国としても有力だ。

しかし、チャイナでは、かつての日本よりもさらに深刻なバブル崩壊が起きている。それを収拾する方法もあるのだが、筆者は実務派の高級官僚がサボタージュしているのではないかと見ている。だから、中間管理職から下の役人が命令どおりに動こうとしないのだ。

2023年の7月末から8月にかけて、大型台風がチャイナを襲い、記録的な集中豪雨による洪水が起きて北京市内も冠水した。道路が濁流と化し、自動車が数十台流されていく映像が世界に流れた。実は、その10日ほど前に『習近平の治水に関する重要論述』という本が出版されていた。その本がよりによって、「習近平自らが計画し、推進してきた治水事業が完成し、古来チャイナの政治の要諦である治水問題を習近平が完全に解決した」と、大々的に宣伝している本なのである。

伝説によれば、黄河文明最初の王朝「夏《か》」の初代の帝である禹《う》が治水を行なって大洪水を防いで以来、皇帝は水をコントロールする者とされてきた。そして現代では、ついに習近平がチャイナの治水事業を完成させたと大風呂敷を広げたのである。それから10日も経たないうちに福建から上海、江蘇、河北、北京、天津に至るまで水没したのだから、いかにもタイミングが悪かった。

地方で起きた洪水なら情報統制で極秘にすることもできたが、海外特派員と外国のビジネスマンが集結する首都・北京や大都会・上海ではさすがに隠すことはできず、世界の知るところとなった。習近平は大恥をかき、物笑いの種になった。

習近平はまた、民間企業の取り潰しを積極的に行なっている。とくに民間の教育産業については、2022年7月から「塾禁止令」を出して、急成長していた学習塾産業を壊滅させ、失業者を急増させた。一方で、巨額の国家予算を組んで半導体企業の設立を奨励した。だが、半導体企業などそう簡単にできるものではない。補助金目当てに昨日まで飲食店の親爺さんだった人物が書類を提出し、補助金だけをもらうようなケースが相次ぎ、まるで金をドブに捨てたようなものだった。

一方で、深刻な不動産バブルの崩壊については無策だ。もともと巨大不動産バブルをつくり出したのは江沢民派なのだから、そんなものはどんどん潰してしまえというわけである。2023年9月、不動産大手の中国恒大集団の創業者、許家印《きょかいん》が身柄を拘束された。経営危機にある恒大は、一種ゾンビのような状態なのだが、チャイナには会社更生法のような法律がなく、会社の資産というより、経営者の個人資産をすべて吐き出させるまでは潰さない方針のようだ。独裁国家だから、いくらでも理由をつけて企業のトップを逮捕し、個人資産をすべて取り上げることもできる。

不動産最大手のカントリーガーデン（碧桂園《へきけいえん》）も、2023年上半期に日本円にして1兆円近い赤字を出した。ここはマレーシアの超巨大都市計画なども手掛けているディベロッパーだが、これも江沢民派の企業という理由で放置したままである。たとえ国民が困ったとしても、敵の利権を潰し、自らの権力を増大するのが最優先だ。不動産バブルの崩壊は深刻の度を増すばかりである。小さなバブル崩壊対策は実施しているが、ほとんど効果を発揮していない。

習近平はいわば裸の王様で、周囲はイエスマンばかりだから、都合のいい情報しか集まってこない。それでは最高権力者は腕の振るいようがない。習近平が有能か無能かはともかく、プーチンほどの優秀な人間でもそれで判断を誤った。それ以上のことが、習近平に起きているように思える。習近平は、彼を引きずり降ろそうとする江沢民派および胡錦濤の後輩である団派の大粛清に成功した。しかし、反乱の火種はくすぶっている。

最近では中国共産党のことが大好きな日本経済新聞まで「習近平は孤立し、長老たちから批判を浴びている」と習近平の悪口を書き始めた。日経のこの一連の記事が、本当かどうかわかったものではないが、反習近平派から情報をもらって書いていることは明らかだ。

「習近平は第3期目に入って、独裁が完成してからが地獄だ」と、筆者は前々から予測していたが、それがいよいよ現実のものになった。国際的に見て、習近平に救いの手を差し伸べる可能性が一番あるのはバイデンではないかとさえ思える。今、助けてやれば、いずれおいしい利権にあずかれるのではないか——バイデンはアメリカの国益ではなく、私益と無国籍企業的グローバリズムの立場からそう考えているように思える。

チャイナ崩壊による二つのリスク

習近平を失脚させるために、台湾が利用される可能性もある。習近平が情報分析を誤り、「台湾、与《くみ》し易《やす》し」と見て台湾併合に乗り出し、もし成功すれば、これは毛沢東もできなかった共産党の大殊勲である。独裁者としての尊厳は大いに高まることだろう。

彼がなりたいのは、第二の毛沢東である。国民がどんなに貧しく、飢えようとも、毛沢東の権力は揺らがなかった。だから、重要なのは経済ではない。毛沢東思想とは政治権力をしっかり握り、国民を力ずくで従わせることである。だから「毛沢東語録」にならって「習近平語録」が続々と発刊されている。彼が夢見ているのは、自分の父親を弾圧したかつての毛沢東のような権力を手にすることだ。その毛沢東さえできなかった台湾併合を自分が実現するという考えはさぞ魅力的だろう。

一方、反習近平派からすれば、習近平に台湾侵略をさせて、失敗させれば彼を権力の座から引きずり降ろせる。むしろ戦争を起こしたいのは反習近平派の側ではないか。それがわかっているから、習近平としては、台湾を併合したいことはしたいが、失敗したら失脚するかもしれないという恐怖感があり、おいそれとは踏み切れない。その習近平に台湾侵攻をけしかけるにはどうしたらいいか。外国に亡命した反習近平派を含め、国の内外でさまざまな企《たくら》みがうごめいている。

だが、習近平が失脚したとして、誰が中国共産党のトップの座に就くのか。集団指導体制でうまくいくとも思えない。むしろ、習近平の失脚は中国共産党独裁体制そのものが崩壊するきっかけになる確率が高い。

習近平はコロナで強権を振るい、実質的な戒厳令を敷いただけでなく、有料のPCR検査などで大儲けした。そこに不動産バブルの崩壊である。まだ表にこそ出ていないが、国民の不満はもはや爆発寸前だ。習近平が引きずり降ろされれば、それをきっかけにして共産党体制そのものが崩壊する可能性は十分にある。その際にはウイグルもチベットも晴れて独立を果たし、チャイナ自体がいくつかの独立した共和国に分かれることも十分にあり得る。

現在、アジアの民主国家にとって最大の脅威である中共帝国、すなわち中国共産党独裁帝国が滅びるのは、我々の安全保障上、大きな問題が一つなくなることにほかならず、大いに有難い。だが、手放しで喜ぶわけにもいかない。困った問題も出てくる。

一つは核兵器の問題だ。ソ連が崩壊した時には、ロシアのほかにウクライナとベラルーシの2カ国が核保有国になる恐れがあった。そこにソ連の核兵器が配備されていたからだ。この時は西側諸国がお金を出すことで2カ国を説得した。日本政府も相当な額を支出し、核兵器を持つのはロシアのみということで決着した。フィクションの世界では、そのソ連の核兵器が流出して、スーツケース型の核弾頭の争奪戦が繰り広げられるといった話が数多くつくられたが、幸いなことにそのような事故が起こることはなかった。

しかし、チャイナの場合、これはどうなるかわからない。四川省を中心に核開発基地があり、内陸にＩＣＢＭ（大陸間弾道ミサイル）の基地、南の海南島には核兵器（ＳＬＢＭ）を積んだ戦略原子力潜水艦の基地がある。国が複数に分裂した場合、こういった核兵器をどうコントロールするかということについては、国際的な連携が必要だ。外国のテロ組織などに売られてしまったら大変なことになるから、その管理が非常に大きな問題となる。

もう一つは大量の経済難民が現れる恐れがあることだ。これについては台湾の評論家の范疇《はんちゅう》氏が、日本も台湾も、中国からの経済難民の洪水に巻き込まれて大変なことになると警告を発する『後中共的中國』を２０２２年に台湾で刊行し、話題になった。しかし、ネットで『Ｔａｉｗａｎ Ｖｏｉｃｅ』（台湾の視点から、最新の国際情勢を分析・解説した動画）を筆者と一緒にやっている林建良さんによれば、チャイナの場合、人口が14億人といっても、大量の難民が出ることはまずないだろうという。

チャイナの歴史を振り返ると、かつて清朝が崩壊した時も、第二次世界大戦が終わって日本軍撤退後、国民党と共産党が内戦を繰り広げた、いわゆる国共内戦の時も、大量の海外難民が出ることはなかった。昔と今では船や飛行機の交通機関の条件が全然違うのは確かだが、そういう問題ではない。理由は不動産である。

チャイナの中産階級以上の人たちはそれなりの資産を持っているが、少なく見積もってもそのうち7割は金融資産ではなく、不動産である。バブルのせいで、多くの富裕層が数件のマンションを持つようになった。自宅のマンションを持っている中間層の数は厖大《ぼうだい》だ。不動産は文字どおり動かざる財産だから、金の延べ棒やダイヤモンドのように持って逃げるわけにはいかない。だから、財産のない人々は経済難民となって国外に流出するかもしれないが、何億人もの難民が日本や台湾に押し寄せるようなことは起こらないのだ。

ただし、財産を持たない無産階級も相当数いる。彼らはチャイナにいても職がないなら、難民化する可能性は高い。陸続きのベトナムやラオス、カンボジアなど、東南アジアの国々に逃れていくことは考えられるだろう。

筆者はもう一つ、中華思想という要素も大きいと思う。中華というくらいだから、自分たちの国が世界の中心だと思い込んでいる人たちがいくらでもいる。彼らは「野蛮国」に行くことに抵抗があるが、チャイナ国内にいられなくなった場合、せめて漢字の使われている国に行こうとするかもしれない。しかし、ベトナムでは現在、漢字は使っていないし、朝鮮半島もすべてハングル文字になってしまった。そうなると日本と台湾以外に行くところがない。日本と台湾は警戒すべきだ。

1980年代、古い船に乗ったチャイニーズ数十人が紀伊半島のあたりに漂流民のようにたどり着いたという事件が連続して起きた。警察が来たときにはすでに蜘蛛の子を散らすように全員逃げてしまっていた。おそらく、それらの人々は違法労働者として日本の社会に潜り込んでしまったのだろう。そういったことが起こる覚悟はしておいたほうがいい。

海上自衛隊も海上保安庁も準備が必要だし、難民収容所の候補地ぐらいは用意しておくべきだろう。しかし、何千万人もの難民が大挙して押し寄せる心配はない。

中国共産党は我が国に対して「もし共産党体制が崩壊したら日本に難民の群れが何億人も押し寄せますよ、日本はパンクしますよ、だから中国共産党体制を支持し、もっと経済援助をしなさい」と脅迫している。だが、そんな脅《おど》しに耳を傾ける必要はない。

それ以前に、**チャイナの台湾侵攻は起こり得るかという問題だが、筆者は実際の武力行使の可能性は少ないと考えている。**確かにチャイナは核兵器を持ってはいるが、賄賂が横行し、軍隊内では金で階級を買うのが当たり前になっている。人民解放軍の士気は決して高いとは言えない。ただし、それは日米台が油断なく抑止力を高めていけば、という条件付きである。

チャイナの軍隊内では、少佐が中佐になり、中佐が大佐になり、大佐から少将になるのも金次第である。チャイナの古い賄賂政治がそのまま人民解放軍に生きているのだ。だから、いちばん戦争をしたくないのは軍のトップである。高収入と利権欲しさに上官に媚びへつらい続け、ようやく自分が賄賂を取る立場になれた。軍人になったのは祖国のためではない、金のためだ。中には愛国心にあふれた血気盛んな兵士や勇猛果敢な将校もいるかもしれないが、それは主流ではない。彼らの戦争は孫子の兵法でいう「戦わずして勝つ」がすべてに優先する。

こちらには核兵器もあるぞ、空母もあるぞ、怖いんだぞと脅しをかけ、日本の政治家のような腰抜けを震え上がらせて言うことを聞かせる。相手をだまし、戦わずして降参させるのが、チャイナのやり方である。決戦などして万が一負けたら命がない。

そんな危ないことはバカのすることだ、というのがチャイニーズの本音である。

逆に言えば、チャイナの見え透いた脅しに屈しなければ我々は負けないということだ。アメリカ、台湾と連携をとってチャイナと真正面からわたり合えば、チャイナも戦争を起こすことができない。習近平も自分の権力を失う危険を冒してまで戦争をする気はない。これが日米台の国益につながる。

2024年1月には台湾の総統選挙がある。独立派の民進党・頼清徳《らいせいとく》副総統が勝つことはほぼ確実だ。台湾の独立派に見習い、中国共産党の脅しに屈しない心構えが、今、日本人に必要とされている。

4章 通貨の群雄割拠時代が到来する

共和党政権か、民主党政権かで分かれるシナリオ

マクロ的な視点で見るなら、今後の世界経済は２０２４年11月に行なわれるアメリカ大統領選挙の結果次第で大きく変わってくる。トランプが勝つか、民主党候補が勝つかによって、世界経済は大きく左右されることになるだろう。

トランプが勝てば、世界経済の安定と繁栄が戻ってくる。しかし民主党政権の継続になると、相変わらずの地球温暖化《グローバルウォーミング》問題で、「CO_2を規制しろ、ガソリンエンジンもディーゼルエンジンも天然ガスもだめだ、発電は原発と自然エネルギー発電しか認めない」というトレンドがしばらくは続くことになる。世界経済は当然、低迷と混乱を続けることになる。

トランプはそういう民主党を批判していたわけだが、いずれにしろ、**いわゆる「カーボン・ニュートラル（脱炭素）神話」はいずれ崩壊する**と、筆者は考えている。米民主党がいかに固執しようと、英国のスナク保守党政権はすでに２０５０年のカーボン・ニュートラルを諦めたようだ。

どのような発電方法を選ぶかは、結局、コストの問題に帰着する。コストのかかるものは市場から排除されていくのが資本主義の原則だ。市場経済で競争させれば、安全性を含め、最終的には妥当かつ適切なものが残ることになる。

インフレによってコストが上がるのは太陽光発電も風力発電も水力発電も同じだが、まず脱落するのは洋上風力発電だろう。さまざまな欠点が明らかになり、日本や台湾もいろいろ実験してはいるものの、アメリカとヨーロッパでは撤退に次ぐ撤退という状況だ。アメリカ東海岸では、計画の見直しが相次いでいる。そもそも半径100メートルもある巨大な風車を回そうという考え自体が非常識である。台風やハリケーンが来たらどうしようもない。計画自体に根本的な無理があるのだ。

バイデン政権は大規模な洋上風力を進めると言っていたが、全面的に挫折してしまった。いずれCO_2神話は非合理的だという考え方が世界の大きな逆転トレンドになるだろう。トランプ大統領になれば、その傾向がいっそう進むはずだ。

2028年の民主党の有力な大統領候補の一人と噂されるカリフォルニア州知事、ギャビン・ニューサムはガソリン車を早々に全廃すると言っている。だが、実はカリフォルニア州は発電量が不十分で、ネバダ州など近隣の州から電力を買っているのだから、そこでＥＶ（電気自動車）がどうこう言っても説得力がない。

　ニューサム知事はCO_2削減という理由で、天然ガス発電所も火力発電所もカリフォルニア州につくろうとしない。ところが、太陽光や陸上風力発電だけではとても足りないので、閉鎖が決まっていた同州に唯一残るディアブロ・キャニオン原子力発電所の稼働延長を決めた。カリフォルニア州のサンフランシスコ・ベイエリアには、アップルやグーグルなどＩＴ企業の一大拠点、シリコンバレーがあるが、電気がなければコンピュータはただの箱。だから、電力の安定供給ができないカリフォルニア州から巨大ＩＴ企業が撤退しつつある。ニューサムの愚策・失政のせいで、かつての美しい街サンフランシスコは、治安悪化はもとより、路上に人糞が散らばっているようなひどい街になってしまった。ハイテク企業もそんなところにいたくはないだろう。左翼リベラル政治の成れの果てである。

　こういったカーボン・ニュートラル至上主義が全米に広がるとアメリカの経済力が弱まり、世界経済の安定成長も失われる。**トランプが大統領に復帰すれば、世界の最終《ファイナル》マーケットであるアメリカ経済は順調に成長し、世界経済全体にも好影響を及ぼすだろう。**だが、もしバイデンが再選されたり、ニューサムのような人物が大統領になって強引なCO_2規制が行なわれ、ガソリンを売らないなどというようなことが起こると、かつてはアメリカの繁栄のシンボルだった自動車産業が崩壊する。

自動車産業とは、多種多様な産業の集積である。車体をつくる鉄鋼業、金属加工業、アルミニウムなどの軽金属工業、ガラスやゴム工業、それにもちろんエンジンの製造業《マニュファクチャリング》まで、非常に裾野が広く、それぞれの分野の高度な技術を結集して1台の自動車ができている。それがEVに取って代わられたら、フォード・モーターズ社の創業以来、長年にわたって培《つちか》われてきたアメリカの産業技術は大幅に失われてしまう。それはまた、一国の国防産業が滅びるということでもある。

電気自動車は非常に単純なもので、大切なのはバッテリーとモーターだけだ。だから部品の点数がすごく減って効率的だなどと言われるが、ガソリン自動車に比べればおもちゃみたいなものである。優れた民生用の自動車をつくる技術があってこそ、ジープもできれば、戦車をつくることもできる。軍需技術を支えている土台の一つは、自動車産業なのである。

戦車は何百万台も売れるわけではない。国民の誰もが運転する自動車の技術革新によって軍需・防衛産業というものが成立する。航空機産業もしかり。CO_2削減に血道を上げる民主党政権のもとでは、アメリカの製造業は滅び、防衛力まで衰退することになる。

アメリカにCO₂削減のツケが回ってきた

さらに、民主党政権のいい加減な移民政策が続くと、第三世界からの不法移民の流入が止まらず、アメリカの治安はいよいよ失われて、一般市民が安心して暮らせる社会ではなくなってしまう。

アメリカの隣国メキシコでは2024年7月に大統領選挙が行なわれる。メキシコの大統領の任期は1期6年なので、現在のロペス・オブラドール大統領は出馬できないが、次もオブラドールと同じ左派政権が続くとメキシコ経済の先行きは暗くなる。もっとも現在はペソが堅調で経済状況もそれなりにいいので、メキシコ国境を越えてアメリカに入ってくる違法移民の大部分はメキシコ人ではなくベネズエラや、その他の中南米からやってくる難民である。

ベネズエラは1998年、反米と社会主義を掲げたウゴ・チャベス大統領の就任以来、左翼政権の強権政治によって経済が崩壊した。潤沢な石油収入を、バラまき福祉と汚職・収賄とで使い果たし、かつての中産階級が経済難民となってメキシコ経由でアメリカに流れてきているのだ。チャベスの後継者となったニコラス・マドゥーロ大統領もチャベス路線を歩み続けている。

左翼政権が続けば、メキシコもベネズエラと同じ運命をたどる可能性が高い。メキシコは石油と鉱物資源に恵まれ、農業も盛んだが、経済が衰退して社会のインフラが悪化すると、ただでさえ治安の悪い国だから、マフィアのような連中がはびこり、メキシコ国民も難民と化してアメリカとの国境に押し寄せる恐れがある。

民主党政権の現在の移民対策では、そんな事態にまともに対処できず、アメリカ崩壊がいよいよ加速するだろう。アメリカの経済が順調に成長することが世界経済のエンジンになることを考えれば、その意味でも、2024年の米大統領選挙は世界の運命を握っているのだ。

もし2024年7月のメキシコ大統領選で左翼候補が勝ち、11月の米大統領選で民主党候補が勝てば、最悪の結果となる。

エネルギー問題に話を戻すと、カーボン・ニュートラル政策によって、民主党政権は前述のように原子力に頼ろうとしている。だが、現在のアメリカは、濃縮ウラン加工が自力ではできない国になってしまっている。天然ウランの採掘と濃縮を行なうには巨額の基礎投資が必要になり、原子力発電のコストは高くつくことになる。アメリカにとっていちばん効率的なのは、アメリカで産出し、トランプ大統領時代には輸出もしていた天然ガスで発電することだ。CO_2を出すからダメだなどと言うのは自殺行為だ。

ウラン濃縮能力が世界で最も高いのはロシアで、世界の原発用濃縮ウランのマーケットシェアで45％を占めている。安価なロシア産の濃縮ウランがないとアメリカの原発は採算がとれない。アメリカの原発で現在使用している濃縮ウランの約20％がロシア産だ。これも実は民主党政権の失政の結果である。

オバマ政権は、トロントに本社を置くウラン採掘企業「ウラニウム・ワン」という事実上のアメリカの国策会社を、よりによってロシアに売り払ってしまったのだ。戦略性も何もあったものではない。プーチンは喜んで買い、ロシアは石油と天然ガスの化石燃料のみならず、原発の濃縮ウラン燃料でも西側を支配できる体制をつくった。資源大国ロシアが再び世界の超大国になること――それがプーチンの願望である。

トランプ政権を除けば、長年エネルギー戦略なき政策をとってきたツケが、アメリカにも回ってきた。では、やっぱり原発で行こうと言っても、そう簡単に行くものではない。カナダやオーストラリアでもウランは出るが、安価な濃縮ウランはロシア産にはかなわない。これから原発に回帰するとしてもコストが高くつくことになる。原発の製造技術も失われてしまった。

そこでアメリカの原発推進派が期待しているのが「小型モジュール型原子炉」というものである。この型の原子炉は、従来の大型のものよりも初期投資が少なく、また建設費用も安価に抑えられると言われていた。

ところが、この「小型モジュール型」が早くも挫折してしまった。この型の原発を開発中の米ニュースケールパワー社は、2023年11月8日、アイダホ州での建設計画中止を発表した。コスト高で採算が見込めなくなったのである。米国での第一号案件となるはずで、2029年稼働開始の予定だった。

実は日本企業もこのプロジェクトには、大いに期待していた。IHIと日揮はニュースケール社に出資している。原発開発や部品製造で参画する予定であった。中部電力も2023年9月、ニュースケール社に出資すると発表していた。

それでもドル基軸は揺るがない

トランプ大統領が復活すれば、再びドルの強い時代になる。それに対して、民主党政権が継続すると支出をどんどん増やすから、政府の累積赤字によってアメリカ経済はガタガタになる。ドルが世界の基軸通貨の座を脅《おびや》かされることは確かだ。だが、ドルの価値が急激に下落することはあり得るだろうか。

ドルに代わる基軸通貨を考えてみると、ロシアのルーブルはとてもではないが無理。チャイナの人民元は子供銀行が発行するような通貨である。

チャイナの人民元はそもそも米ドル本位制だった。香港ドルは、ドルとの交換レートを常に一定にしてきた。それはドル・ペッグ制と言って、事実上ドルと連動するように香港の中央銀行に当たる金融管理局が市場を操作してきたのだが、チャイナの人民元も、それと同じことを長年やってきた。人民元をドルと連動するようにうまくコントロールして、人民元のレートが少しだけ高くなるように市場を誘導し、管理してきた。これが中国共産党のやってきたことである。外貨準備としてドルを稼いだ分だけ、人民元を発行してきたのだ。

なぜ、そんなことができたかといえば、チャイナは世界中で貿易黒字を稼いだため、手持ちのドルがたくさんあったからだ。そのドルに準じた額だけ人民元を発行して、人民元の信用を高めようとしたのだ。東南アジアの華僑《かきょう》たちも、ドルより人民元を持っていたほうが為替差益で得をするし、いざという時はいつでもドルに換えられる。それで人民元の決済が増えてきたわけだ。

ところが、習近平は鎖国政策に突き進んでいる。これまでは鄧小平《とうしょうへい》以来の改革開放政策で積極的に貿易して黒字を稼ぎ、ドルを貯め込み、それを基盤にして人民元を発行していたから人民元も信用があった。だが、もうドルを稼ぐことはできない。ロシアをはじめとする反米国家とともに、閉じられた経済圏でやっていこうというのだ。

ドルと連動しなくなれば、自然に人民元安・ドル高になっていく。そもそも人民元は、信頼度の点ではドルと比べようがないほど劣るドル本位制の通貨だから、ドルに取って代わるなどということは考えられない。ルーブルについては、ロシア経済の規模自体が小さすぎる。ロシア経済のＧＤＰはイタリア以下、韓国ほどのレベルにすぎない。その通貨が国際的に広く使われるということはあり得ない。

小国の通貨が国際通貨になることも、例外的にはあり得る。その例としてはメキシコ銀貨がある。幕末から明治の初期にかけて、一時期メキシコの銀貨が東アジアの貿易通貨として使われたことがある。メキシコでは非常に質のいい銀が大量に産出する。ゴールドに次いで物質自体に価値があり、信用できるものとして、銀がハードカレンシー（国際通貨）として使われたのだ。日本も江戸時代は金本位制ではなく銀本位制で、銀の価値が非常に高かった。だから日本一の盛り場は金座ではなく、銀座なのだ。

日本人の銀志向も手伝い、メキシコのようにマーケットが小さく、国際的影響力もない国の発行した銀貨が、地域限定とはいえ国際貿易に一時期使われていた。それは銀の含有量が多い良質の銀貨だったからだ。ルーブルや人民元が国際決済通貨として使われることはあり得ないとは言い切れないが、その範囲は極めて狭い。ドルとは競争できない。**世界最大のアメリカ経済は「腐っても鯛」ということだ。**

たとえ民主党政権でアメリカ経済が崩壊しても、クリプトカレシー（暗号資産）を含め、ドルに取って代わる通貨はない。ドルの信頼が揺らぎ、相対的に価値は下落することになっても、世界の基軸通貨の役割を果たすのは当面、ドルのほかにはないということである。ドルは絶対的ナンバーワンの地位からは滑り落ちるが、相対的ナンバーワンの地位は維持し続けるだろう。

BRICS共同通貨は絵に描いた餅

2023年の8月末、南アフリカのヨハネスブルクで開かれたBRICS《ブリックス》（ブラジル、ロシア、インド、チャイナ、南アフリカ）5カ国の首脳会談を前に、怪しげな噂が世界を飛び交った。この首脳会談で世界を揺るがす重大発表が行なわれる。それは「BRICS共同通貨」の発行である。これがドルに代わる世界の基軸通貨となり、ドルは大暴落する、というのである。だが、そんなことにはならなかった。それどころか、共同通貨の話すら出なかった。明らかに一部の専門家の過剰反応だったのである。

BRICSの5カ国は人口が多く、インドとチャイナだけで30億人近い。ロシアもブラジルも資源大国で、南アフリカも金やダイヤモンドなど鉱物資源が豊富だ。これらの発展途上国が一致協力して経済共同体を構成し、その通貨を発行すれば、ドル以上の通貨ができるのではないか、というのである。しかし、それは思考実験に過ぎない。気をつけていただきたいのは、「ドルを持っていても損しますよ。それよりもこちらに投資してはどうですか」などと、まことしやかに近寄ってくる詐欺師まがいの連中がいることである。

実際、筆者のところにもそんな問い合わせが何件もあった。「先生はドル資産を推奨されていますが、大丈夫ですか。手持ちのドルはすべて売ったほうがいいのではないでしょうか」といった相談である。筆者は「そんなことはありません。冷静になって考えればわかることです」と答えた。今となっては笑い話だが、その時は、意図的かどうかはともかく、本当にBRICS通貨やドル暴落を予言する無責任な人々が一部にいたのである。だいたい「BRICS」とひと口に言ってもブラジル、ロシア、インド、チャイナ、南アフリカの思惑はそれぞれ全く違う。ロシアとチャイナは反米という点でともに手を組む動きを見せてはいるが、南アフリカとインドは、できればアメリカとはうまくやっていきたいと考えている。

インドのモディ首相は2023年6月22日に国賓として訪米した。バイデンと米印首脳会談を行ない、経済協力だけではなく、軍事協力の約束も取り付けた。アメリカの最新兵器の提供とインドでの現地生産、軍事面での宇宙開発でも提携していくことになった。チャイナとは第三世界のライバル国であるインドは、それまでチャイナとアメリカのどちらにつくのが有利かを見定めているようなところがあったが、米中対立が激しくなる中でアメリカを取ったということになる。これでアメリカとインドは、同盟国というと言い過ぎかもしれないが、少なくとも準同盟国になったと見なしていいだろう。

南アフリカはアメリカともチャイナとも仲良くしていこうという立場だ。ブラジルのルーラ大統領は反米の社会主義者だが、政権が変わればどうなるかわからない。前のジャイール・ボルソナロ大統領時代は、ブラジルは親米だった。ブラジルがチャイナやロシアのように反米国家であり続ける保証はないということだ。

G7先進7カ国に世界を牛耳られているのが面白くないのは、BRICSの一致した思いだろうが、反米、反G7という点では各国それぞれかなりの揺らぎと幅がある。BRICSが一致団結して新しい世界秩序をつくるということは、今のところあり得ない。

現在の国際金融通貨秩序は、第二次世界大戦後に欧米がつくったブレトンウッズ体制と呼ばれるシステムである。世界銀行とIMF（国際通貨基金）を中心として、その秩序が老巧化しつつあることは確かだ。G7の国々が世界のGDPに占める比率も小さくなり、人口比率も大きく減少した。ではブレトンウッズ体制の崩壊後に新たな国際金融通貨体制ができるのかと言えば、それは難しい。ブレトンウッズ体制が、たとえばBRICS金融通貨体制のようなものに取って代わられるということはあり得ない。むしろ、日本の戦国時代のように世界が群雄割拠の状態になるというイメージのほうが、近未来の現実に近い。

前述したように、ロシアとチャイナの経済圏にキューバや北朝鮮、シリア、イランが入ってくる。ロシアとイランで産出する天然ガスと石油はチャイナにとって魅力的なはずだし、イランはチャイナの軍事技術を必要としている。ハマスを支援しているのはイランだが、そのイランの軍事技術を支えているのは中国共産党である。ハマスがガザ地区に掘ったトンネルの映像を見たが、あれは北朝鮮の技術を導入したものである。北朝鮮は、自国の軍事施設を米軍の監視衛星から隠すために地下化し、韓国を攻撃するための地下道を掘るくらいだから、トンネル工事技術はお家芸だ。またハマスは、イラン経由で北朝鮮の兵器を密輸入している。

そういう連携が、G7先進国中心の世界と切り離された国家群の中で行なわれる。ドルを使わず、人民元で取引したり、二国間の通貨で貿易が行なわれたりすることもあるだろう。日本も、もっと円を国際化していいと思うのだが、日銀や財務省にはそういうダイナミックな発想はないようだ。それはともかく、中露を中心とする反西側の国々の間ではドル排除は進んでゆく。

そうなると、古いブレトンウッズ体制のほころびがいよいよ大きくなり、使われるドルは減って、複数の通貨が共存するような世界になるかもしれない。だが、**これから10年後も世界で最も通用している国際通貨は、ドルであることに変わりはないだろう。**今よりはドルの信用が落ち、アメリカ経済が衰退したとしても、アメリカの金融市場に世界からお金が集まる状況は同じである。

アメリカを破壊しようとしているアメリカ生まれの無国籍グローバル企業にしても、その金融資本や通信資本の力は何かといったら、やはりアメリカ株式市場における各企業の時価総額である。そしてアメリカ市場こそが、世界最大の株式市場である状況は変わらないということだ。だから、たとえトランプが２０２４年の米大統領選で敗れたとしても、ドルに匹敵するライバル通貨は少なくとも今後10年は出てこない。ドル建ての資産として、アメリカの優良企業の株を持っていれば、その価値が暴落することはない。これが筆者の予測である。

暗号資産よりも「金」

では、金《ゴールド》はどうだろう。金は、古くから通貨として世界中で信用され、今なお資産価値が高い。コモディティ（商品）として一大先物市場《フューチャーズマーケット》を構成しており、同時にマテリアル（工業用原材料）でもある。

銀やプラチナ（白金）もコモディティとしての価値があり、かつて長い間、プラチナは金より高価であった。プラチナは宝飾品であると同時に排気ガス浄化触媒として欠かせない工業用原料である。現在はプラチナや銀、そして銅もマテリアルとしての価値が主である。銅は我が国でもかつての銅銭や現在の10円玉に使われてきたが、銅自体にさほどの価値はない。日本という国家が10円であると保証するから10円なのであって、材料は銅ではなくアルミでもいい。マテリアルでありコモディティであり、宝飾品であり、かつ通貨として世界で通用するのは唯一、金のみである。アラブ、インド、アフリカ、ラテンアメリカ、チャイナ、ロシア、そしてアメリカやヨーロッパ、日本と、世界のどこへ行っても金の価値は変わらない。古今東西を問わず、人類は金

1トロイオンスあたりの金価格

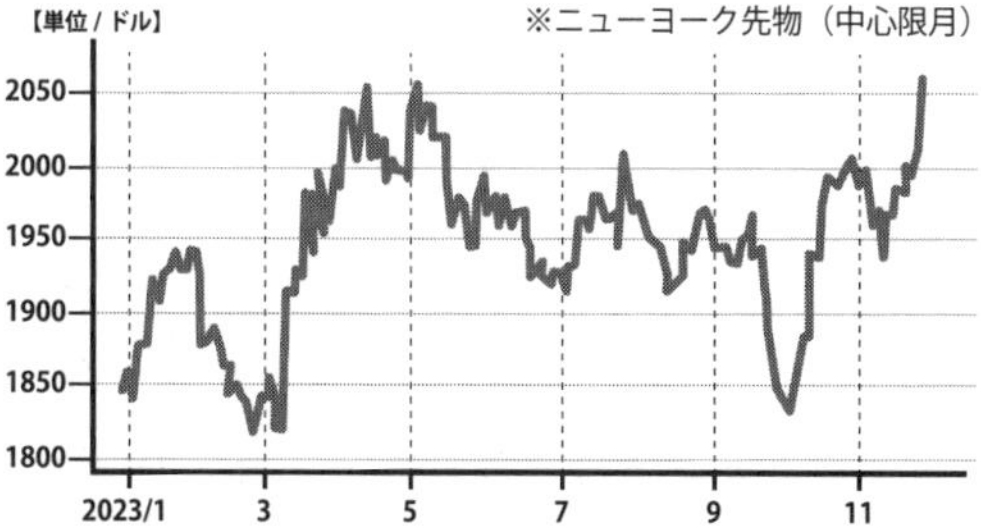

信頼と安心という点で金の価格は安定している

に普遍的な価値を見出してきたのだ。そして、金価格は世界共通である。

最近ではコンピュータ・コードで作成されたデジタルマネーであるクリプトカレンシー（暗号資産）が現れ、これが世界の基軸通貨になるのではないかという議論もあった。しかし、仮想通貨は誰が発行しているのかわからないうえ、金とは違い、それ自体に価値があるわけではない。したがって、クリプトカレンシーが世界経済の主導的役割を果たし、現存の通貨や金の価値が暴落するという近未来は考えられない。国家が発行する通貨の場合、その価値を保証するのは国家である。より正確には、その国家の経済力である。

前述したように世界がこれから戦国時代のように群雄割拠の状態になったとして、そこでも普遍的に通用する通貨というものを考えると、クリプトカレンシーの方向に進むとは考えられない。投機市場としてはあり得ても、信頼と確実性という点では不合格である。では、**いちばん確かなもの、安心できるものは何かということになれば、古代から通貨の基盤となっていた金の価値に回帰するのではないか**。今後、金の価値がどんどん上がっていくと、筆者は予測している。

誰が採掘しようが採取しようが金は金である。だが、クリプトカレンシーは、極端なことを言えば誰にでも発行できる。100万円と書いた紙に、筆者がサインをして「これを信用して使ってください」と言ってわたすのと原理は同じだ。それが小切手であれば、いつか筆者の口座に戻ってきて当座預金で決済されれば、額面どおりの価値があったということになる。自分で発行した通貨みたいなものだ。本当に筆者に信用があれば、誰かがその小切手で支払いをし、それを受け取った人が、またその小切手で支払いをするといったように、それが世間を永久にめぐりめぐっていれば、筆者は決済しなくてすむ。それは、筆者の当座預金口座で最終的に決済できるという信頼が前提としてあるからだ。

だが実際は、それが許されるのは国家だけである。国家、あるいは中央銀行のような信用できる主体が発行したクリプトカレンシーなら通用するだろう。第三世界の小さな国が出しても信用されないが、アメリカやEU、日本が出すのであれば通用する。しかし、それなら紙幣と同じだ。紙の1万円札、100ドル札と変わらない。デジタルマネーで使い勝手がいいということで、ある程度は普及するだろう。しかし、現在のクリプトカレンシーは私的発行通貨にすぎない。だからクリプトカレンシーを使った詐欺が繰り返し発生するのだ。

ビットコインなど、いくつかの暗号資産はそれなりの価値があるということで残っていくだろう。また、クリプトカレンシーを支えているブロックチェーン（取引履歴記録）技術それ自体は公的文書の保存など、さまざまなことに活用できるから、将来有望な技術である。だが、結局は国家と中央銀行のように、発行元が明確でかつ信頼のある主体ではない限り、クリプトカレンシーが現在の通貨に取って代わることはない。やはり、当面はドルが世界経済を主導していくだろう。

5章

平和ボケ日本が戦争を引き起こす

日台と東アジアの平和を守るために

最後に、日本の将来について考えてみたい。まず、安全保障の問題だが、これについては安倍晋三元首相が主張した「インド太平洋戦略」が基本である。日本にとって最大の脅威は中国共産党の覇権主義である。チャイナの侵略から我が国を守ること、これこそが喫緊の課題だ。

万が一、チャイナが台湾に侵攻すれば、日本の南西諸島は否応なく戦場になる。そして台湾が陥落したら、次の標的は日本である。TSMC（台湾積体電路製造）のような世界最大の半導体ファウンドリがあるとはいえ、人口2400万人の台湾は、日本に比べれば小さな獲物にすぎない。日本経済を呑み込んで植民地にできれば、チャイナ経済は何をしなくとも10年や20年は安泰だ。そうなれば中国共産党のエリートは日本の富と財産を搾取《さくしゅ》し放題だ。裕福で、しかも危機感皆無の日本は、外国からの侵略に対して格好の獲物である。

日米安保条約があるではないか、と言う読者もおられようが、安倍元首相とトランプ前米大統領がガッチリと手を組んでいた時代ならともかく、現在のような岸田政権とバイデン政権では、日米安保条約が十全に機能するとは明言できない。岸田・バイデン両首脳は体質がともにグローバリストで、実によく似ている。バイデン政権の日本版が岸田政権である。

チャイナからの圧力に対し断固として「ノー」を突き付け、自由アジアを守るためには、日米安保を強化し、最初の侵略のターゲットである台湾を何としてでも守らなければならない。そうでなければ次は日本、次はフィリピンと各個撃破で順番にやられていく。いまだに憲法9条に縛られ、核兵器を持たない日本には、アメリカの後ろ盾が絶対に必要である。アジアの自由と平和、民主政治を守る。その最前線である台湾への侵略は絶対許さない。その気概が必要だ。

アメリカは台湾を守るとコミットメントしてはいるが、そのためには日本の米軍基地がフル稼働する必要がある。その時になって、「いや、これは憲法に触れます、9条があるので、それはできません」などと言い出すような政権では、米軍の足を引っ張るだけだ。バイデン政権も岸田政権も不甲斐ない。

アメリカは台湾関係法によって台湾と軍事協議を行なっている。日米安保条約のもとで米軍は自衛隊と共同演習をしているのだ。しかし、共同防衛のための法的な枠組みがないため、自衛隊と台湾軍は共同演習を行なうことができない。日本を守るためにはまず、これを何とかする必要がある。そのためには最低限、日本でも台湾関係法を通すことだ。

アメリカの台湾関係法というのは、1979年、米中の国交樹立にともなう台湾との国交断絶時に制定された、アメリカの国内法である。これは台湾および台湾人を事実上の独立国として尊重するとともに、安全保障のための規定を含むもので、それに基づいてアメリカは台湾に兵器の提供を行なう。外交条約ではなくアメリカの国内法なので外交交渉は不要だから、日本も同様のものを早急につくる必要がある。兵器提供までは約束しないにしても、台湾という地域および台湾人を日本政府として公式に認め、有事には、せめて台湾と共同で軍事行動をとれるようにすべきだ。台湾の安全が守れないということは、日本の安全が守れないということである。

いずれ日本は憲法を改正しなくてはならないが、**憲法9条は日本が国防軍を持つことを否定するものではない。**この解釈が正しいことは憲法制定時の経緯を見れば明らかだ。憲法9条第2項とは、自衛のための軍隊を持てるようにするために加えた項目である。それは占領軍も承知の上だった。しかし、その正しい憲法解釈が行なわれていない。これを修正するのは手続としては憲法改正よりも簡単である。内閣法制局の解釈を変え、国会で議論をした上で解釈の変更を決めればいい。自衛隊も「日本国防軍」のような明確な名称にしたほうがいいだろう。

日本は最低限、台湾関係法を通して台湾と共同防衛の体制を整える。これができないと、せっかくのインド太平洋戦略も完全には機能しない。そして、日本・アメリカ・オーストラリア・インド4カ国を結ぶ、安倍さんのいわゆる「セキュリティダイヤモンド構想」でチャイナを封じ込める。その抑止力によって、チャイナの侵略行動を牽制し、平和を保たなければいけない。台湾も憲法を改正して、中華民国ではなく、台湾国、台湾共和国というように国名を変えてもらうのがいいだろう。実はこういう外交政策は、チャイナの一般国民に歓迎されるものでもある。戦争を避けてこそ、チャイナの民衆の生活の向上もあるからだ。

第三次世界大戦の火種は、今や世界中にある。台湾問題もその一つだ。日本が弱みを見せれば習近平は攻めてくる。そうするとアメリカが介入して第三次世界大戦の引き金が引かれる。中東も同様だ。今回のハマスによるイスラエル攻撃でも、「テロ組織ハマスは許さない」という決意をイスラエル国民は示した。バイデンがその覚悟があれば、トランプ大統領時代のように、イランもハマスも動きが取れなかったはずだ。

隙があれば、いつでも戦争が起こる。チャイナへの抑止力を整えなければいけない。また、わざと隙をつくらせて第三次世界大戦を引き起こそうとする勢力がいる。英守旧派やバイデン政権はその仲間だ。それを許してはいけない。絶対に東アジアから第三次世界大戦を起こさせてはいけない。そのためには万全の共同体制を組んで抑止力を整備することだ。

平和ボケが戦争を誘発する

抑止力とは「戦争をしても勝ち目がない、目的が達成できない、得るものに対して損害が大きすぎる」という判断を敵にさせることだ。

古代ローマに「平和を欲するなら戦争の準備をせよ」という諺《ことわざ》がある。これは、平和だからといって戦争の準備を怠っていると、戦争がある日突然、起きてしまうということだ。世界中に存在する悪意ある国は、侵略が容易だと判断したらミサイルを撃ち込んでくる。侵略を開始する。世界はまだそういう野蛮なレベルにあるのだ。

日本を攻撃するのは割が合わないと思えば、習近平も金正恩《キムジョンウン》も断念する。戦争を起こすのは、戦争をしたい国だけではない。**平和ボケしている怠惰な国が戦争を誘うのである。**「平和主義者が戦争を起こす」というのはそういう意味だ。

日本人は頭を切り替える必要がある。戦後の日本は、アメリカの圧倒的な軍事体制の保護下にあったから侵略されずにすんだ。「平和憲法があるからだ」と夢のようなことを言う人がいるが、そうではない。日米安保があるからだ。具体的には、日本に米軍基地があったからだ。日本の背後にいるアメリカが怖いから、どこも攻めてこなかった。だが、そのアメリカの圧倒的な軍事力にも近年は翳《かげ》りが見えてきた。

核保有国という意味ではアメリカとチャイナは対等である。しかし日本は核兵器を持ってはいない。極端な話、チャイナが日本にミサイルを撃ち込んで東京や大阪が壊滅した場合、アメリカはどうするか。報復として北京や上海をミサイル攻撃しようものなら、チャイナはニューヨークやロサンゼルスを核で焼け野原にするだろう。アメリカがそのリスクを覚悟で、チャイナを核攻撃するはずがない。

だからといって、「東京がやられたら北京にやり返すべきだ、それが同盟国アメリカの義務だ」というような恥ずかしいことを、まともな日本人が口にできるだろうか。アメリカ大統領が誰であろうと、日本人を守るために何でアメリカ人が何百万人も、ヘタをすれば何千万人も死ななければいけないのか、と激怒するのが当たり前である。

独裁国であるチャイナの指導者は、国民が多少死んだところで痛くもかゆくもない。かつて毛沢東はこう言った。「世界で核戦争が起これば、最後に勝つのはチャイナだ。チャイナの人口の6億人（当時）のうち半数が死んでも、まだ3億人も残っている。核ミサイルを撃ち合った後、生き残ったチャイニーズが世界を支配する」と。このレトリックにアメリカ人は震え上がり、真剣に対中戦略の研究を始めるようになった。

通常兵器での戦いなら日米安保も機能するだろうが、日本に核兵器がない以上、敵が核兵器を持ち出したら、アメリカは手を引かざるを得ない。日本はチャイナの属国になってしまう。ロシアに対しても、同様のことが言える。

非民主国家に囲まれた日本

国防の問題は冷静に論理的に考えなければいけない。チャイナが自由と人権を重んじる民主的な国家なら、核兵器を持っていようとさほど怖くはない。たとえば、核保有国であっても、アメリカや英国、フランスが日本に核ミサイル攻撃を仕掛けてくることは考えられない。だが、チャイナや北朝鮮はそれらの民主国家とは違う。

チャイナにアメリカに届くミサイルがなかった時代はともかく、今やチャイナはSLBM（潜水艦発射弾道ミサイル）を保有している。チャイナ西部の砂漠地帯の地下格納庫には大量のICBM（大陸間弾道ミサイル）が収められている。だから、アメリカとチャイナはお互いに抑止力が働いて核戦争が起こらないようになっている。

だが、日本はまったく無防備だ。チャイナだけではない。北朝鮮もICBMの実験を繰り返すだけでなく、SLBMの実験も進めている。ロシアとチャイナの核に対しては、日本を守るアメリカの核の傘はもう存在しないに等しい。安全保障の環境は完全に変わったのだ。日本も独自の核抑止力を持つべきだ。

日本人は70年間、アメリカが用意してくれた温室の中にいれば安全だと思ってきたが、もはやそうではない。核の脅しに対しては独自の核兵器を持ち、アメリカとチャイナの間にあるパリティ（対等性）を、日本もチャイナとの間に築かなければならない。

ヨーロッパはその均衡が保たれている。英国とフランスは核保有国である。NAT

Oにはアメリカも加入している。だからロシアが核攻撃をちらつかせても怖くない。ロシアがミサイルを撃つというなら、こちらもやるぞと言える。だから話し合いができ、平和なのである。平和とは勢力均衡のことなのだ。

日本一国で核兵器を持つことに抵抗があるのなら、オーストラリアや台湾と共有することも考えられるし、あるいはドイツのようにアメリカとニュークリアシェアリング（核共有）を行なうやり方もある。だが、核使用は核兵器を持っている国の主権の発動だから、アメリカが首を縦に振らなければ、ドイツにあるミサイルをドイツが単独で撃つことはできない。そういう欠点はあるが、たとえ形式的であってもニュークリアシェアリングは抑止力にはなるだろう。

チャイナが軍事大国になり、北朝鮮もＩＣＢＭを持つようになった。ロシアには暴走の危険があることがわかった。アメリカはかつてのような圧倒的な力を失った。しかも、常にチャイナと水面下で妥協点を探っているように見えるバイデン政権は頼りにならない。

日本の防衛環境は大きく変化したにもかかわらず、自民党は「自主憲法の制定」という結党時の党是を忘れたようだ。その時々で鵺《ぬえ》のようなあいまいな態度に終始している。一時の経済的繁栄にうつつを抜かし、バブル崩壊後は経済も停滞したまま30年がたった。岸田政権は増税で国民を苦しめるばかりでなく、憲法改正からも遠ざかってしまった。今こそ根本的な国家戦略の立て直しが必要だ。安全保障とは日本人の平和な暮らしを維持し続けるということである。そのためには相当な努力が必要だ。これまでの延長線上に日本の平和と安全はない。

経済大国ニッポンは異形の肥満児

日本は戦争には負けたが、戦後、製造業の分野で急成長を遂げた。これはある意味で、工業生産力でアメリカに負けたことに対する一つの反省とも言える。アメリカの大量生産による工業製品に負けないもの、アメリカを上回るものをつくろうと努力した結果、1970年代から80年代、日本の製造業は多くの分野でアメリカを凌駕《りょうが》することに成功した。1960年代後半、すでに日本のGDPはアメリカに次ぐ世界第2位にまでなった。

その結果、起こったのが日米貿易摩擦である。まず繊維製品だ。1970年代初期、ブラウスなど日本の安価な繊維製品が米国で爆発的に売れ、アメリカ国内の失業率が上昇して怒りを招き、米政府が輸出規制を求める騒ぎになった。次は家電製品だ。ソニーのテープレコーダーとトランジスタラジオが大人気となり、やがてカラーテレビなど低価格で信頼できる日本の家電製品が本家アメリカ市場を席巻《せっけん》する。

19世紀に武力でドイツ統一を成し遂げたビスマルクが「鉄は国家なり」と言ったように、兵器や鉄道に欠かせない鉄は、かつて国力の象徴かつ近代工業文明の礎《いしずえ》だった。その鉄工業にもついに日本製品が押し寄せた。アメリカ最大の鉄鋼メーカーUSスチールが倒産しかける状況に至って、日米貿易摩擦はエスカレートした。

その後の貿易摩擦が近代産業の集合体である自動車だ。とくに、1979年に起きた第二次オイルショックによるガソリン価格の高騰を受け、低燃費かつ高性能な日本の小型車がアメリカのみならず世界を席巻した。米レーガン政権が日本に対して求めた自動車輸出の自主規制が1981年から実施される。アメリカの社会学者エズラ・ヴォーゲルの著書『ジャパン・アズ・ナンバーワン』(TBSブリタニカ)が日米でベストセラーになったのもこの頃だ。

1980年代後半になると、半導体産業の分野でも日本が世界一のシェアを占めた。

だが、日本の快進撃はそこまでだった。1989年末からバブルが弾け、やがて日本は今日まで慢性的な不況に苦しむことになる。これにはさまざまな理由があるが、日本人はどうも調子に乗りすぎていたようだ。何をやってもアメリカに勝ってしまう。「自主規制をしたところでアメリカは日本に太刀打ちできないではないか」とうそぶく財界人もいた。しかし、ここまで経済が成長し、発展を遂げたのは誰のおかげか、ということに思いをめぐらす人は少なかった。日本の安全保障は誰が担っているのか、という問題を日本人は考えようとしなかったのだ。

軍事面はすべてアメリカに任せ、安保にただ乗りして、日本人は経済成長に邁進してきた。少しでも国防費を上げようとすればマスコミが「戦争反対」と騒ぎ出す。アメリカから国防力の増大を要求されても、政府は「のらりくらり」と逃げ、「平和憲法があるから日本は戦争しないですんでいる」と、したり顔で語る左翼知識人に国民は洗脳されたままだった。

アメリカに勝るとも劣らない経済大国になったと自慢しながら、安全保障、国防という国家の基本はアメリカに任せ切っている。米軍基地があるからこそソ連も日本には手を出さない。そのことに日本人はまったく気がつかないか、気がつかないふりをしていた。

軍事と経済がこんなにアンバランスな国はないと、私は80年代から指摘していたが、耳を貸す者は少なかった。**軍事的には小国でありながら、世界に冠たる経済大国となった日本は、誤った平和主義に毒された肥満児のようだった。**

半導体を発明したのはアメリカ人である。基本的な特許はテキサス・インスツルメンツが持っている。現代の自動車の原型は米フォード・モーター社が開発・製造したT型フォードである。ドイツ人なら、ダイムラー・ベンツが原型だと言うところだろう。いずれにしろ、いずれも日本人が発明したものではない。だが、半導体にしろ自動車にしろ、精密なものづくりの伝統を持つ日本人の得意な分野だった。筆者はいずれ、日本人の不得意分野でアメリカの反撃が始まるのではないかと予測していた。案の定、情報産業と金融の分野で日本はアメリカに打ちのめされた。

自信過剰から自信喪失へ

バブル経済の幕引きを誤った当時の政府と大蔵省も愚かだった。80年代後半、大問題は土地価格の高騰だった。土地の値段を無理して下げる必要はなかったのである。どこかの国が背後で煽ったのか、マスコミは「土地の高騰で庶民は一戸建ての家が持てなくなった。土地の値段を下げろ」と大騒ぎした。NHKは1週間続けて特集番組を放送した。民放も一斉に追随した。

土地の値段が急落したらどれほど恐ろしいことになるか、誰も考えなかったし、考えさせなかった。日本は土地本位制だから、土地の値段が下がったら、債務者はみな担保割れしてしまう。銀行から1億円を借りている人が、地価1億円の土地を持っている分には負債と資産とのバランスが取れている。しかし、土地の値段が半分になったら5000万円の債務超過である。銀行から借りた金の返済に進退窮まってしまう。

当時、ラジオのキャスターをやっていた筆者は、「土地の値段を下げたら日本経済の自殺だ」と警告したのだが、大蔵省は、身投げしようとしている人間の背中を押しただけでなく、自殺志願者の足と自分の足が紐で結ばれていたのに気づかず、一緒に転落するというバカな真似を演じたのである。

株が暴落するくらいならまだよかった。株は上がったり下がったりするものだということは誰でも知っている。ところが、戦後の日本では土地の値段は上がる一方だった。だから金融機関が信用するいちばんの担保は土地だった。それが暴落すれば地獄と化す。そんな簡単なことがなぜわからなかったのか。中小企業のオヤジさんたちならみんなわかっていることが、東大法学部を出た官僚たちにはわからない。そういう無知な秀才をけしかけたのは誰か。そこにアメリカの金融資本の影を感じる。

　地価が暴騰したのは確かに問題である。だが、地価が上がったら高止まりにしておけばいいのだ。20年経って他の物価と見合うようになればそれでよかった。にもかかわらず、大蔵省は不動産関連への融資を「総量規制」して、地価の大暴落という形でバブルは崩壊、大量の自殺者を出しただけでなく、自信過剰だった日本人が「もう何をやっても日本はダメだ、金融では欧米にかなわない」と、すっかり自信喪失してしまった。惨《みじ》めなものである。『ジャパン・アズ・ナンバーワン』が絶賛した終身雇用や年功序列といった日本的経営も、すべて間違いだった、時代遅れだと思い込むようになった。

　しかし、そんなことはない。「終身」雇用といっても、たかだか55歳までだった。経営の神様・松下幸之助は、会社と家族のために働いてくれている社員の雇用は、会社がなくならない限り守る、と言った。工場の仕事がなければ草むしりをさせてでも雇用を維持すると明言した。管理職を含めて給料はアメリカやヨーロッパほど高くないと言う人もいたが、生涯賃金で見たらそれほど変わりはない。子供が大学へ行く年齢くらいになれば、それなりに高給になっている。それが日本式の経営だった。

にもかかわらず、すっかり自信喪失してしまったのは、それまでの自信というのが本物の自信ではなかったからだ。世界の荒波にもまれ、油断も隙もない生き馬の目を抜く国際関係の中で培《つちか》ったものではなかったからだ。日米安保体制の中で国防費もろくに払わず、ぬくぬくと生きてきたツケが回ってきたのである。肥大した経済と貧弱な軍事力のアンバランス国家・日本の経済力は凋落《ちょうらく》していった。長らく「経済一流、政治三流」と言われてきた国の経済まで「三流」になってしまったのだ。自信喪失も無理からぬことかもしれない。そのまま無為に30年が過ぎた。

筆者は**今の円安はチャンスだ**と思っている。日本人は額に汗して働く民族であって、決して金を右から左に動かして儲ける民族ではない。製造業であれ、農業であれ、懸命に頭と体を動かして価値あるものをつくり出すのが日本人の生きがいである。手数料や金利、株価の操作で楽して儲けることを美徳とする人々とは、日本人の人生観は異なっている。

かつて、日本にも円高を利用して金融立国に進む道もあり得たが、1億3000万人の国民を金融で食べさせていくことはやはり難しい。それよりモノをつくって生きていこうとするなら、円安のほうが有利である。円安ということは、日本人の労賃が相対的に安くなるということだ。それで昔のように質のいい日本製品を地道につくっていけば、日本経済が復活する余地は十分にある。

日本人の生きる道

製造業の原点に戻ると同時に、日本人は、農業を再評価すべきではないかと思う。食料生産を国内で行なうことは安全・安心という意味でもメリットがある。そのためには若い人たちに先進技術を活用するAI時代の農民になって、日本の農業の未来を担ってもらいたい。トラクターなど農業機械を動かすには海外からエネルギー資源を輸入する必要があるが、国内で賄《まかな》えるものはなるべく賄えるようにする。工業技術立国・日本の新しい農業は世界を牽引《けんいん》する力を秘めた、今後の成長産業だと思う。

この点では我が国には実績がある。チャイナではしばしば反日運動が起こるが、農村ではなかなか反日を言いにくい。なぜかと言えば、チャイナの農民が使う農業機械の圧倒的多数が、コマツ、クボタ、ヤンマーなど日本のメーカーのものだからだ。それらを中古で買っても、日本のメーカーはメンテナンスを良心的にやってくれるので大変ありがたいという。都会なら日本製品の不買運動ができても、農村では日本の農機がなければ仕事にならない。中国共産党もそれがわかっているから、さすがに何も言わないらしい。

アメリカの農村やゴルフ場では日本の中古の軽トラックが盛んに使われている。丈夫で燃費がいいからだ。日本とアメリカでは安全基準が違うので、州によっては道路を走れないが、農地は私有地だし、それにアメリカの農地は広大だから、何の問題もない。中古車の場合、現在の排気ガス規制に適合しないこともある。しかしこれも、製造から25年以上たった自動車はクラシックカーの扱いになるから輸入が可能だという。日本には車検もあるし、大事に使うから、25年使った軽トラックが、まだ現役で活躍する。唯一の問題は、体の大きなアメリカ人にとっては運転席が狭いことだが、それさえ我慢すれば文句のつけようがない。アメリカでも日本のメーカーはどんなに古いクルマだろうと、メンテナンスや修理をしてくれる。こういうことは世界のどの国も真似できない。そのあたりに日本企業の生きる道がありそうだ。

台湾のTSMCは日本のやり方に倣《なら》い、日本の後を追うような形で急成長した会社である。韓国のサムスンが日本の半導体産業の独占を突き崩し、その後、TSMCが半導体の微細化に不可欠なEUV露光技術を初めて量産投入して世界のトップに立った。微細化の技術というのは一度後れを取ると、再びキャッチアップすることは不可能だ。日本の半導体産業はもはや周回遅れと言われるが、しかし、半導体製造装置や、シリコンウエハーなどの素材に関しては、日本は高いシェアを誇っている。

かつての日本人のビジネスのやり方は、目先の利益にとらわれず、まずマーケットシェアを確保することだった。昔の商人は「損して得取れ」と言った。ダンピング（不当廉売）と非難されても確実に売れる下地をつくり、それから少しずつ利益を上げるのが賢い日本的経営戦略であった。こういった経営戦略は古くて新しい。

そのうえで、信頼できる国と製造業のサプライチェーンを再構築すべきだ。日本と台湾、アメリカ、インド。それにタイやインドネシア、もしくはベトナムなど、なるべく文化的距離が近く、紳士的で誠実な、自由と民主政治と約束を守る国々とともに新たなサプライチェーンをつくれば、21世紀にも、日本経済にとって明るい時代が待っている。バブル崩壊から30年、少々暗い時代が長すぎた。第三世界では現在、数多くの国が近代化をめざして頑張っている。そういう国々に日本製品を売り込むだけではなく、メンテナンスや技術協力など、欧米には真似のできない、ましてチャイナには絶対に不可能な良心的な支援を行なっていく。そうすれば、日本経済はまた輝きを取り戻すことができる。

日本人の平均寿命は非常に長い。一人当たりのGDPは世界のトップレベルにある。人間にとって最も大切なのは命だとしたら、その意味では日本は世界一幸せな国かもしれない。日本人がそう考えていないだけだ。難しくはない。日本人の頭を切り替えればいいだけだ。

そもそも日本にはお金があり余っている。財務省の発表によると、2022年末時点で日本の対外純資産は418兆6285億円で、過去最高を記録した（1ドル＝150円として約2・8兆ドル）。日本は32年連続で世界最大の対外純資産を持つ国なのだ。ところが日本政府はこれだけの資産を、国内ではなく、外国に投資している。アメリカの国債を買い、チャイナに資金を貸し出し、そのおかげで両国とも経済発展を続けている。そのうえ、岸田首相自らがニューヨークやロンドンで海外投資家にジャンパン・マネーの運用を呼びかけるありさまだ。

外国人に頼む必要はない。日本人が日本を信じて国内に投資すれば、より生産性の高い経済が可能になり、日本はさらに豊かな国になる。

それには、現在比率が高まっている第三次産業（情報通信業や金融業を含むサービス産業）にアメリカのように偏ることなく、第二次産業（製造業）や第一次産業（農林水産業）にも力を入れていくべきだ。

気がつけばチャイナの日本自治区に？

繰り返すが、今後は軍事・国防にも真摯に向き合う必要がある。アメリカと反米諸国の力の差は縮まっている。隙あれば北海道を自国のものにしたいと狙っているロシア。沖縄は自分たちのものだと主張しているチャイナ。

だが、北海道の上空をロシアの戦闘機が飛び、尖閣列島に人民解放軍が上陸するような、目に見える侵略に対しては日本国民もさすがに立ち上がるはずだ。もっと恐ろしいのは不可視の間接侵略である。

いつの間にか東京の不動産の多くがチャイニーズのものになっていた、日本の主要企業の株がチャイニーズに買われていた、というようなことが各所で起こっている。チャイナの場合、個人であっても最終的には全員、中国共産党の命令で動くから、街中がいつの間にかエイリアンやゾンビに占領されていたSF映画のような世界が現実のものになる恐れがある。

電力会社の株を買い占めた外国企業が、実はチャイナ関連の会社だったとしたら、日本の電力が奪われてしまう。

現に、フィリピンの電力供給会社の最大の株主はチャイナの国家電網公司である。世界最大の電力会社であるこのチャイナの国有企業は、オーストラリアやポーランドの電力会社にも投資している。これがわかって大きな問題となった。時と場合によっては、いつチャイナに電力供給を止められてもおかしくはない。電力が自国の思うようにならなければ植民地も同然だ。そんなことを決して許してはいけない。

アメリカの会社が日本の土地や企業を買えるのは、日本もアメリカの土地や企業を買えるからだ。これはレシプロシティ（互恵主義・相互主義）と呼ばれる国際経済の原則である。

ところが共産主義国であるチャイナの土地はすべて国有だから、外国人と外国企業は土地を貸してもらうことはできても買うことができない。チャイナは自分たちの企業や土地は日本人に買わせないのだから、日本もチャイナが買えないようにするべきなのだ。

日本で育ったチャイニーズが日本国籍を取って日本の政治家になり、中国共産党の指示どおりに動くこともあり得る。このような目に見えない「間接侵略」を防ぐのは難しいが、何としても防がねばならない。**日本人としての自覚と見識が問われている。**いつの間にか、日本はチベットやウイグル自治区のようになっていた、ということもあり得ないことではない。そうなれば日本語も使用が禁止されてしまう。アホウな政治家ばかりを選んでいると、やがては国を亡《ほろ》ぼしてしまう。

岸田政権は財務省の言いなり政権

アメリカでは、米証券取引委員会（SEC）が、プライベート・ファンドに対する新たな規制に乗り出している。プライベート・ファンドとは、未公開株式等への投資ファンドのことだ。しかし、岸田首相は「日本では市場をオープンにして、プライベート・ファンドなども運用しやすい体制を整えます。未公開株を扱う企業の投資も歓迎します」と海外投資家に直接、呼びかけたのである。これでは日本人の富を盗んでくださいと言っているようなものだ。

こうした岸田政権のやり方を見るにつけ、自民党がいかに変節したかを痛感せざるを得ない。安倍さん亡き後は保守政党の体《てい》を成さなくなってしまった。かといって野党は左派ばかりである。2009年を思い出してほしい。自民党にお灸を据えようとして民主党に投票したら、想像を絶する無能さで、民主党政権の悪夢の3年間に日本はとんでもないことになってしまった。

日本に必要なのは真の保守政党だと、作家の百田尚樹さんとジャーナリストの有本香さんが「日本保守党」を発足させた。自民批判票を投じる保守政党ができたことは喜ばしい。

岸田政権が成立させたLGBT理解増進法は、日本の伝統文化というより、人類の文化を崩壊させるものである。これは人間社会の基本単位である家族制度を打倒しようという左翼思想に基づいている。伝統文化と価値観のインキュベーター（保育器）

である「家族」を破壊し、共産主義社会をつくろうという考え方である。そのために伝統的な性による役割分担を否定するのだ。ＬＧＢＴ運動はそういう文脈から生まれたのだが、その運動が起こったアメリカでも、何も全員が賛成しているわけではない。欧米にも反対する人は多いのである。同性愛者や性同一性障害者が自らに忠実に生きていく自由はもちろん尊重されるべきだ。それでも、生物的な男女の区別や男女の性差は厳然として存在する。それは「区別」「性差」であって「差別」ではない。男女の違いを教えることさえ差別だと主張するのは言いがかりも甚だしい。

伝統的な価値観、常識が通用せず、全否定される社会は健全ではない。まともな日本人なら誰だってそう考える。常識が通じる世界にしなければならない。

だから、保守の側から自民党を批判する党が生まれたのは心強いことである。日本保守党が急速に勢力を拡大して自民党に取って代わることは当面あり得ないし、そこまで期待すべきではない。

しかし、それでも自民党をより常識的で、正しい方向に導くための道標としての役割を果たしてもらいたい。自民党を保守の側から批判する政党として成長してほしい。自民党との連立政権を目指すべきだろう。

今の日本の状況は2008年と酷似している

私はかつて『2008年日本沈没』（ビジネス社、2007年刊）という本を上梓した。それは日本を取り巻く国際環境に危機感を抱き、2008年以降に起こるべき最悪のシナリオを想定して警鐘を鳴らすものだったが、現在の状況は当時と酷似《こくじ》しているように思われるのだ。

2008年は台湾で国民党の馬英九《ばえいきゅう》が台湾総統選挙に勝利し、中国共産党の傀儡《かいらい》のような政権ができた年である。アメリカでは2009年早々、民主党のオバマ政権がスタートした。2008年には韓国の大統領選挙も行なわれ、こちらは保守系の李《イ》明博《ミョンバク》が当選したが、保守とはいっても信用のならない反日派であった。政権末期には支持率アップを狙って、韓国大統領として初めて竹島に上陸し、改めて韓国領を宣言したばかりか、天皇陛下に対して「日王は訪韓したければひざまずいて謝罪せよ」と言い放った。とどめが2009年、我が国に民主党の鳩山政権が誕生したことだった。

しかも日本の鳩山政権は腐りきっていた。アメリカには頼れる政権がなく、台湾は

2024年も同じ状況に陥る可能性がある!

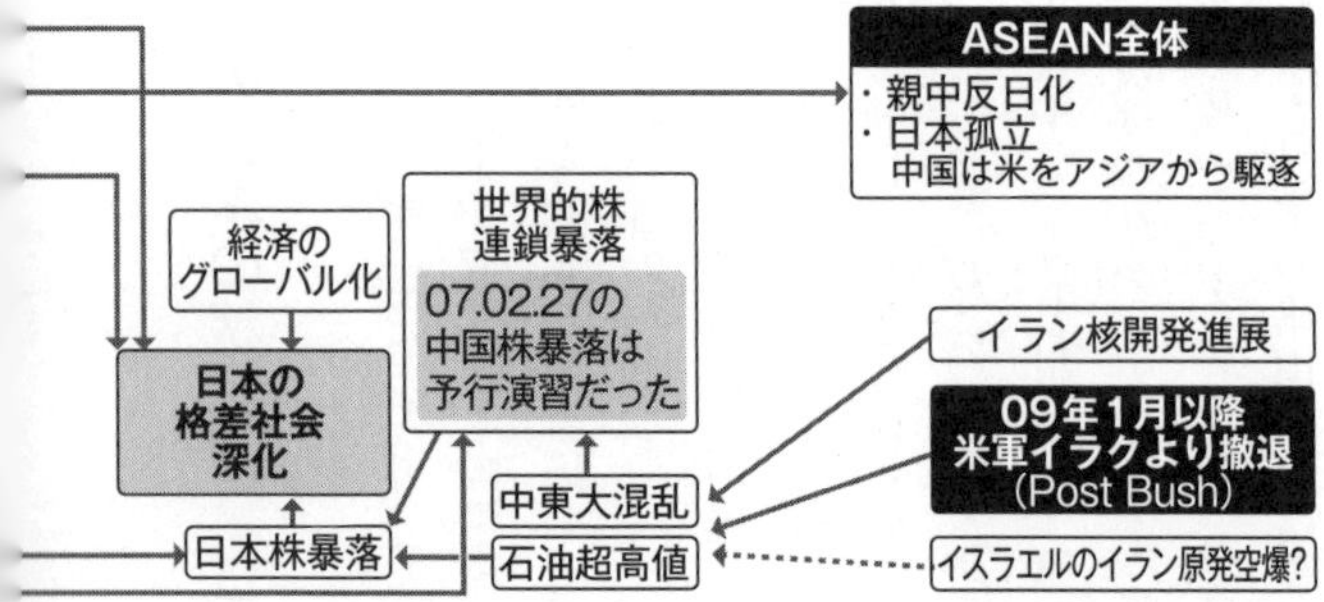

中国共産党の腰巾着《こしぎんちゃく》政権、韓国には反日政権。日本の国益派としては、どこにも共闘できるパートナーがいない状況だった。日本は安全保障上も孤立し、国際危機が起こったら対応できなくなる。そういう状況だった。この間、日本の経済力もどんどん落ちていった。

そういう危機は2024年にも起こり得る。2024年11月の米大統領選挙でトランプが敗れて民主党政権が続いたら、面倒なことになる。韓国の尹錫《ユンソン》悦《ニョル》大統領はどちらかと言えば親日的で、今のところ頑張ってはいるが、僅差で当選した大統領だから、2024年4月の総選挙で野党が勝って多数を維持すれば一気に追い込まれる。幸い台湾では民進党の頼清徳《らいせいとく》・総統候補が有利な状況にあるが、こちらも「ねじれ国会」となり、十分な政権運営ができない

日本最悪のシナリオ（2008～09年のときは）

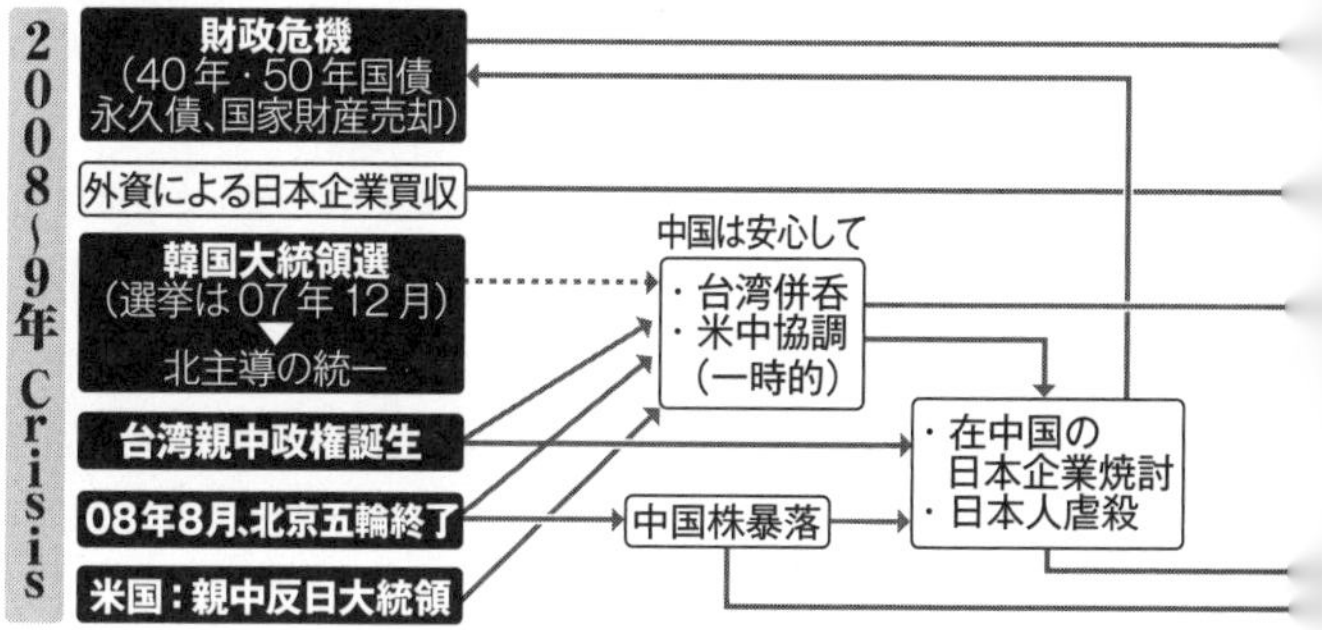

恐れがある。

チャイナとロシアは一体化を強め、北朝鮮のミサイル開発はいよいよ進んでいる。その状況の中で、日本は主体性をもってことに当たらねばならない。しかし、岸田政権では無理だ。周囲の情勢は刻々と変化する。米大統領選と台湾総統選は4年に1回行なわれる。

2024年は歴史上の分水嶺となるだろう。2章でも述べたが、特にトランプが敗れれば、世界は大きく暗い方向に向かうだろう。自由とデモクラシーの国アメリカで、自由とデモクラシーが否定されることになるからだ。2020年11月、アメリカでは不正選挙という名の左翼クーデターが起きた。これを2024年に正すことができなければ、アメリカの未来は暗い。その時、日本はどうする!?

藤井厳喜（ふじい　げんき）

1952年、東京都生まれ。国際政治学者。早稲田大学政治経済学部政治学科卒業。77～85年、アメリカ留学。クレアモント大学院政治学部（修士）を経て、ハーバード大学政治学部大学院助手、同大学国際問題研究所研究員。82年から近未来予測の「ケンブリッジ・フォーキャスト・レポート」発行。有料のオンライン情報サービス「ワールド・フォーキャスト」主宰。古田博司氏との共著『韓国・北朝鮮の悲劇 米中は全面対決へ』、石平氏との共著『米中「冷戦」から「熱戦」へ』（ともにワック）など著書多数。

藤《ふじ》井《い》厳《げん》喜《き》フォーキャスト2024

2023年12月25日　初版発行
2024年２月９日　第３刷

著　者　藤井 厳喜

発行者　鈴木 隆一

発行所　ワック株式会社
東京都千代田区五番町 4-5　五番町コスモビル　〒102-0076
電話　03-5226-7622
http://web-wac.co.jp/

印刷製本　大日本印刷株式会社

ISBN978-4-89831-892-8